第2版

リーダーシップ論

人と組織を動かす能力

ハーバード・ビジネス・スクール 名誉教授
ジョン・P・コッター＝著

DIAMONDハーバード・ビジネス・レビュー編集部＋
黒田由貴子＋有賀裕子＝訳

ダイヤモンド社

JOHN P. KOTTER ON LEADERSHIP

by

John P. Kotter

Published by arrangement with Harvard Business Review Press,
Massachusetts
through Tuttle-Mori Agency, Inc., Tokyo

This compilation includes the following articles;

"Leadership at the Turn of the Century," *John P. Kotter on What Leaders Really Do*, Harvard Business School Press, 1999.
"What Leaders Really Do," *Harvard Business Review*, May-June 1990.
"Power, Dependence, and Effective Management," *Harvard Business Review*, July-August 1977.
"Managing Your Boss," *Harvard Business Review*, January-February 1980.
"Leading Change: Why Transformation Efforts Fail," *Harvard Business Review*, March-April 1995.
"Choosing Strategies for Change," *Harvard Business Review*, March-April 1979.
"What Effective General Managers Really Do," *Harvard Business Review*, November-December 1982.
"How to Save Good Ideas," *Harvard Business Review*, October 2010.
"Good-bye, Corporate University," *Diamond Harvard Business Review*, December 2002. (Local Content)

訳者まえがき――リーダーシップの役割、マネジメントの役割

一九〇八年の創立以来、ハーバード・ビジネス・スクール（ＨＢＳ）では、常にリーダーシップ教育が重視されてきました。

古くはクリス・アージリスやハリー・レビンソンらの心理学や臨床医学の知見を活かした「組織行動学」（当時は「行動科学」と呼ばれていました）をいち早く導入するなど、先見性ある教育がなされており、現在でも、経営者の経験もあるサンドラ・サッチャーが小説を題材にリーダーシップを教えたり、経済史の研究家であるジェフリー・ジョーンズが歴史の知をひもといて、現代の経営やビジネスについて教えたりするなど、現代の多様化にも対応した、新しい試みがなされつつあるようです。

さて、この伝統あるＨＢＳで、リーダーシップの大きなテーマとなってきたのは、リーダーをマネジャーと対比し、その違いを明らかにすることでした。アブラハム・ザレズニックが、『ハーバード・ビジネス・レビュー』（ＨＢＲ）七七年五－六月号で発表した「マネジャーとリーダー：その似て非なる役割」では、心理学の知識と実証研究を基に、目標や仕事観、人間関

係、人格特性、育成方法における両者の違いを明らかにしました。彼はまた、これまで偶然に任せてきたリーダーの育成に関し、師の存在の必要性を指摘して組織的な育成が可能であると論じ、その後のリーダーシップ開発に大きな影響を与えました。

本書の著者であるジョン・P・コッターが追求してきたリーダーシップ論の核心もここにあります。本書の第1章ともなっている「リーダーシップとマネジメントの違い」では、それぞれの役割を「方向性の設定」と「計画と予算の策定」、「人心の統合」と「組織編成と人員配置」、「動機づけ」と「統制と問題解決」と対比させて論じました。複雑なマネジメント環境では、両者は補完関係にありますが、マネジャーの主な役割がオペレーションの管理だとすれば、リーダーの役割は改革を主導することです。競争を勝ち抜くために大きな改革が必要になれば、それだけリーダーシップが求められるようになります。

すなわち、リーダーには変革とイノベーションを担うことが求められます。変革におけるリーダーシップの重要性をコッターは繰り返し訴えていますが、変革が叫ばれながらも、こうしたリーダーの役割に注目せず、調整役を期待しがちな日本においては、この指摘を肝に銘じておく必要があるでしょう。

現在HBS名誉教授のコッターは、三四歳の若さで同校の正教授に就任し、以来リーダーシップ教育の第一人者と目されてきました。『ビジネス・ウィーク』誌のアメリカ企業五〇四社を対象にした調査では「ナンバーワンのリーダーシップ・グールー」という評価を得ています。そんなコッターがＨＢＲに寄稿した全論文を収録したのが本書です。九九年一二月に刊行された旧版に、新たな二章分を追加し、翻訳も一新しました。なお、うち一章は『ＤＩＡＭＯＮＤハーバード・ビジネス・レビュー』の単独インタビューです。リーダーシップとマネジメントの役割、ならびに変革の重要性を論じるだけではなく、有能なマネジャーの行動分析やリーダーシップ教育についての洞察など、コッターのリーダーシップ研究のエッセンスを学べる一冊となっています。

現代は「リーダー不在」の時代ともいわれますが、本書は真のリーダーシップを理解する手がかりとなることを願っています。

二〇一二年三月吉日

ＤＩＡＭＯＮＤハーバード・ビジネス・レビュー編集部

第2版

リーダーシップ論

⊙

目次

第2章 企業変革の落とし穴

第2版　リーダーシップ論

序章

リーダーシップの未来

Leadership at the Turn of the Century

Leadership at the Turn of the Century
本章は *John P. Kotter on What Leaders Really Do*
のIntroductionとして書き下ろされたものである

リーダーシップの本質とは何か

　この三〇年、私は組織を動かす人々の行動を研究してきた。彼らがどのような行動をするのか、なぜそのように行動するのか、そして、彼らの判断が他の人々や組織にどのような影響を与えるのか——こうしたことを記録し、解明しようと努めてきた。しかし、研究を始めた当初は「リーダーシップ」という概念をはっきり意識していたわけではない。実際、私の初期の著作にはこの言葉はほとんど使われていなかった。しかし結局のところ、私の研究の向かう先にあったのは、この「リーダーシップ」であった。このことは、組織を動かす仕事の変化のありようについて、大事なことを伝えている。

　私は一四の公式研究と一〇〇〇回を超すインタビューを実施、ビジネス・リーダー数十人の行動をつぶさに観察し、数え切れないほどの調査を取りまとめた。その結果、いまの組織の大半にはあるべきリーダーシップが欠けていると確信した。しかも多くの場合、その不足ははなはだしい。一割程度の不足どころか、二〇〇パーセント、四〇〇パーセント、それ以上のリーダーシップの欠如が組織の至るところで見られる。

しかし、これは能力のない無気力な人間が組織を動かす立場にいるという意味ではない。むしろ典型的なのはその逆のケースである。彼らは聡明で経験豊富、仕事熱心で、みずからの信念に基づいて行動しようと考えている。なかには卓越した人物もいる。問題は現在、政府・企業を問わず、あらゆる組織でリーダーシップの必要性が高まっているにもかかわらず、それを発揮するマネジャーが少ないことにある。

歴史を振り返っても優れたリーダーシップなど存在しなかったと言う向きもあろう。その通りかもしれないし、そうでないかもしれない。ただ明らかなのは、目まぐるしく変化し、競争が激化する二一世紀において、企業の成功には強いリーダーシップを発揮する人物が以前に増して欠かせないものになっているということである。リーダーシップが欠如すれば、組織は停滞し、方向性を見失い、最後にはそのツケを払うことになる。

本書で取り上げるテーマの中心は、リーダーシップのスタイルではない。よく「新しい世紀には新しいリーダーシップのスタイルを」という声を耳にする。たしかにグローバル化の進む世界では働く者の教育水準が上がり、もはや黙々と命令されるがままに働きはしない。リーダーシップにも新しいスタイルが求められているのは事実である。しかし、リーダーシップのカギはスタイルではなく、中身にある。これは職務遂行の際の核となる行動様式に関わるもので、表面的な緻密さや策略のことではない。そしてこの核の部分にあるものは、時代、文化、業種の違いによって変わるものではない。
企業の業績は組織内外のさまざまな要素に左右されるので、リーダーシップ不足の影響はごくわずかにすぎないという考え方もある。多くの要素が業績に影響するという点は私もおおむね賛成だが、実はそうした要素の大半はリーダーシップの良し悪しに左右されるものなのだ。リーダーが悪い方向性を示したり、環境の激変にもかかわらず方向性を示さなかったり、方向性は正しくても決断が遅れたりすれば、結果は惨めなものになるだろう。極端な場合、企業は潰れ、社員は失業し、顧客や地域のコミュニティ、投資家は打撃を受け、人生さえも狂ってしまう。

ここまで極端でなくとも、企業は業績不振に陥り、程度こそ軽くあれ実質的には前述の企業と同じような結果に苦しむことになる。こうした組織の失敗は、わかりやすい数字として出てくることもあるが、多くの場合は微妙な数字にしか表れてこない。たとえば、ある企業の業績は一見、ライバルと似たような数字だったが、資産規模や期首の状態を勘案すれば業績はずっとよいはずだった、という具合である。

数字よりもドラマチックなのは、生身の人間に関わるケースである。暴君のようなマネジャーや無能なマネジャーに苦しめられるケースや、マネジャーとして人柄はよいものの、リーダーシップがないために失敗し、苦労させられるケースである。ひどいマネジャーだと声高に叫ぼうが一人静かに苦しもうが、社員の苦痛は大きい。効果のないリエンジニアリングのおかげで職を失ったり、不安定な業績を何とか支えようというプレッシャーに参ってしまったりするからである。

こうした状況を組織のトップに突きつけても、彼らの多くは反論してくるか、少なくとも陰で異を唱えることだろう。「そう、たしかに改善の余地はあるだろう。しかし……」とか「……するのは競争激化のせいだ」とか「この業界に何を期待しているのだ。ここでは……」とか。この簡単なテストで挑発してみると、効果的なリーダーシップについて理解しているマネジャーとそうでないマネジャーとを識別しやすい。

リーダーシップ不足には多くの理由があるが、その是正は、問題が複雑なこともあってさらに多くの理由で難しい。しかし問題は、リーダーの素質を持つ人間の数が限られていることではない。たとえそうした人間が一〇〇人に一人の割合でしか存在しなかったとしても、いま頃は世界中で何千万人もがリーダーシップを発揮しているはずだ。しかし現実はまったく異なる。そしてこの現実は、学校や企業、またおそらくは多くの家庭にその責任の一端があるということを示唆している。

組織というのは、才能を育み、リーダーシップを後押しし、失敗と成功に学ぶことを奨励する場であるべきである。しかし、現実はリーダーシップの芽を無視し、適切なトレーニングもなく、ロール・モデル（手本）を示さないどころか、リーダーシップを発揮しようとして些細なミスを犯した人間を罰することがあまりに多い。社員のほうも我流にこだわり、自分のキャリアづくりに何が必要かを現実的に判断することや、自分のニーズを満たす方策をみずから進んで探すことはしない。

私はこうした点をめぐる誤った考えに時折驚かされる。「リーダーシップ」と言いながら実際はマネジメントのことを話していたり、指揮のスタイルばかりを語ったり、複数のリーダーはいかに混乱を招くかを何度も何度も取り上げたり、意味不明な専門用語を使ったりする。私は何度となく、知性ある人たちがこの乱雑な思考を口にするのを見てきた。優秀な人ですらこのような話し振りだから、リーダーの本質を深く理解する必要があることは火を見るより明らかだろう。

リーダーシップ：一〇の教訓

リーダーシップに関する私の研究の主な結果については、一〇冊を超える著書と一連の論文で発表してきた。なかでも重要な論文は、一九七九年から九七年にかけて『ハーバード・ビジネス・レビュー』誌に掲載された六本である（本書第1章〜第6章）。

本書では「組織を動かす仕事」に内在する課題とは何か、そして、その課題への効果的な対応とそうでない対応との違いとは何かを取り上げる。第1章から第3章では、リーダーシップと変革についてストレートに論じる。この組織の活動に関わる問題は、この二〇〜三〇年でその重要性が増してきている。第4章から第6章では、今日のマネジャーの仕事が、権限の行使から依存関係への適応へとどうシフトしているのか、組織図に表れるよりもはるかに複雑な人間関係にマネジャーはどう身を置いているのか、そしてこの二点からどのような意味が引き出せるのかを論じる。

これら六本の論文に共通するのは、変革の規模が大きければ大きいほど、強力なリーダーシップが必要になり、マネジャーはさらに複雑な力関係に巻き込まれるということである。これは執筆当時よりも一段と確信を深めたことである。

この考え方が生まれた発端は、優れたマネジャーというのはステレオタイプな行動様式に逆らう傾向があると気づいたことだった。その後、私はこの「普通でない」行動様式がリーダーシップに深く関わっているとの結論に至った。しかもこれは変革という現代の中心的なテーマとも関係していた。

私は九八年のいま、六本の論文を読み返し、核となるアイデアを一〇の相関性のある教訓としてまとめた（次ページの**図表**「二〇の教訓」を参照）。それぞれの教訓は、マネジャーが直面する事業環境の絶えざる重要な変化を映し出している。

たとえば、技術革新、市場と競争のグローバル化、労働力人口の変質といった、強い力で引き起こされる変化である。こうした力は二〇世紀半ばまでの安定した経済体制を壊し、物事のスピードを加速させた。その結果、マネジャーは緩やかな変革と大胆な変革の両方を遂行する必要に迫られている。

二〇世紀半ばまで、世界には寡占や独占など国際競争を阻む多くの障壁があり、企業が大規模な変革に踏み切る必要はなかった。産業の変化のスピードはいまより緩慢で、さしたる組織変革の必要にも迫られず、一〇年か二〇年置きに大きな変革をやりこなせれば、たいがいは漸進的な変革で十分であった。しかし今日の産業界ではもはやこうした行動だけでは企業の破滅を招きかねない。結果、リエンジニアリング、事業再編、戦略見直し、品質改善プログラム、企業文化の変革、M&A（合併・買収）といった名の下に、この数十年で変革に取り組む企業が激増した。

教訓1

今日のマネジャーが重要な組織変革を成功させるには、その手法に関係なく、時間のかかる、

7 一般に、マネジメントが組織の公式の階層を通して行われる一方、リーダーシップは階層を介さない。そのため、変革によって組織の境界が壊され、フラット化し、アウトソーシングが進んでリーダーシップの強化が必要になると、マネジャーはさらに複雑な人間関係に巻き込まれる。

8 組織を動かす仕事には、ますますリーダーシップに関わる部分が増えている。リーダーは複雑な人間の依存関係のなかで仕事をするため、組織を動かす仕事も、単に他人に対して公式の権限を行使するよりも、インフォーマルな人間関係の駆け引きのようになる傾向を強めている。

9 組織の階層や公式の権限だけでなく、人脈や他者への依存という観点でマネジャーの仕事について考えてみると、興味深い示唆がさまざま見えてくる。「ボス・マネジメント」のような、従来は奇妙で間違っているようにも思えた考えが、突如として重要性を増してくる。

10 マネジャーやリーダーが分刻み、時間刻みで行動していることは、マネジャーや英雄的なリーダー、経営幹部に対する典型的なイメージとはまず一致しない。そのため、マネジャー、特に新任マネジャーはかなり困惑してしまう。しかし毎日、その行動を観察し、マネジャーが担う仕事の幅広さ（リーダーシップとマネジメント）、難しさ（組織の維持と変革の実施）、複雑な人間関係（フォーマルな階層に留まらない）を考えれば、納得がいくだろう。

図表▶10の教訓

1 重要な組織変革を成功に導くのは、時間のかかる、非常に複雑な8段階のプロセスである。手っ取り早く、段取りよくとはけっしていかない。情勢をうかがいながら段階を飛ばしたり、誤った順番で進めようとするマネジャーには志を遂げられない。

2 環境にかかわらず、一般的に変革は上記の複雑な8段階のプロセスを経る。しかし、成功を目指す優秀なマネジャーの場合は、それぞれの状況でカギとなる課題に臨機応変に対応するため、基本の行動はそのつど異なる。個別の事情に鈍感だったり、一つのやり方ですべてを解決しようとする姿勢では、結末は悲惨なものになるだろう。

3 非常に有能な善意のマネジャーですら、20世紀の歴史とその時代に培われた企業文化の影響を受けていると、大きな変革の際に、予測できたはずの過ちを犯してしまう。これにはさまざまな理由がある。

4 リーダーシップとマネジメントは別物である。変革の最大の原動力はリーダーシップであり、マネジメントではない。リーダーシップが不足すると、過ちを犯す確率は大きく高まり、変革が成功する確率は低くなる。これは、新戦略、リエンジニアリング、買収、組織再編、品質管理、企業文化の再設計など、どんなコンセプトを持った変革であっても当てはまる。

5 変化のスピードが速まっているため、組織を動かすうえでリーダーシップの重要性が高くなっている。組織内で権力を持つ人々のうちごく一握りしか、この重要な事実を認識あるいは理解していない。

6 組織を動かす仕事は、ますます次のようなものになりつつあると考えてよい。すなわち、計画・予算（マネジメントの部分）とビジョン・戦略（リーダーシップの部分）を盛り込んだ課題の作成、階層の縦のネットワーク（マネジメントの部分）と複雑な人間関係の横のネットワーク（リーダーシップの部分）を駆使した、課題遂行のための人脈づくり、そして統制（マネジメントの部分）と動機づけ（リーダーシップの部分）による課題の遂行、である。

非常に複雑なプロセスを踏まなければならない。手っ取り早く、段取りよくとはけっしていかない。

大きな成果を収める組織変革は、次の八段階の複雑なプロセスを経ている。すなわち、①社員に危機意識を持たせる、②変革を遂行する強力なチームをつくる、③ふさわしいビジョンを定める、④ビジョンを組織全体に周知する、⑤社員がビジョンに向けて行動するようにエンパワーメントを実施する、⑥懐疑的な社員を納得させ、信頼を獲得するために満足のいく短期的な成果を出す、⑦活動に勢いをつけ、さらに難しい課題に取り組む下地をつくる、⑧新しい行動様式を組織の文化として根づかせる——である。

この八段階のプロセスは、それぞれに時間を必要とする。危機感の認識レベルを高めるという最初の段階だけでも、現状に甘んじている組織ではその規模を問わず、何カ月もかかるだろう。ふさわしいビジョンと戦略をつくるのに何週間どころか、一年や二年もかかる場合も少なくない。また、新しい行動をことごとく定着させ、時間の経過とともに風化させないためには、環境を万全に整えることも必要で、そのためにも何年もかかるかもしれない。

こうした時間のかけ方は、近視眼的でその場しのぎの対応しかできないマネジャーにとっては、理解不能であろう。理由の一つとして考えられるのは、彼らはいつも最強のライバルに追いつこうとするばかりで、先を見越した行動を取らない。プロセスを一つか二つ飛ばしたい、あるいは全体をとにかく早く進めたいという誘惑に勝てないのだ。それゆえ、リエンジニアリングだの事業再編だのを実施したところで組織に大きな変化は表れず、その割に犠牲ばかりが大きくなる場合が多い。

見せかけの成功ならば、もっと短時間で簡単にできる。大規模な企業買収を実施し、組織やシステムの合理化に五カ月しかかからなかったとする。しかし、その見かけにだまされてはいけない。どのような規模の買収にしろ、最も手間のかかる作業は、複数の企業文化を一つに融合することである。買収プロセスが五カ月目に入っても、企業文化の融合はようやく始まったばかりというのが普通だ。もし企業文化の変革を怠ったり、おざなりにしたりすれば、さまざまな問題がその後何年、何十年にもわたって出てくるだろう。二つの異なる業務の進め方、二つの異なるチームは、陰に陽にぶつかり合い、その企業は本業に集中できなくなるだろう。

教訓2

環境にかかわらず、一般的に変革は教訓1で述べた複雑な八段階のプロセスを経る。しかし、成功を目指す優秀なマネジャーの場合は、それぞれの状況でカギとなる課題に臨機応変に対応するため、基本の行動はそのつど異なる。

変革のプロセスにおいて、ビジョンをどのくらい早期に固めるべきか、ビジョンの決定や実施に大勢を関わらせるべきか、さまざまな抵抗勢力の声にはどの程度耳を傾けるべきか、といった点に違いが出てくるのはごく当然である。

個別の状況に合わせて必要な判断を下そうとすれば、多くの要因が影響してくる。たとえば、どの程度の抵抗が予想されるか（抵抗が大きいほど、変革の実現は難しくなる）、どのくらいの利害が発生するか（利害関係が大きいほど、たとえ多くの時間と修正を要することになっても、正しいビジョンが大事になる）、ビジョンの策定や実施に現場レベルの協力がどの程度必要か（現場に頼る必要が大きいほど、策定と実施に社員を参加させる必要がある）、といった具合である。

よくトラブルが生じるのは、状況の違いを無視して、前に成功した変革と同じ手法を取ろうとする場合である。たとえば、研修を中心にした方法で、社員へのエンパワーメントに何度も成功した経験があると、マネジャーは、たとえ問題の中心が部下の教育不足ではなく、監督者・管理職からの抵抗だったとしても、同じ方法を試みる。あるいは、急いで改革を強行する方法がこれまでに成功していると、たとえ社内の抵抗がはるかに強力であっても、以前と同じように強行突破を試みる。総じて言えば、一定の手法で成功した期間が長いほど、新たな状況に鈍感になる。一度金づちが便利であった経験をしてしまうと、新しい問題もおしなべて釘に見えてくるものである。

教訓3
非常に有能で志に満ちたマネジャーでさえ、大きな変革の際には、予測できたはずの過ちを犯してしまう。これにはさまざまな理由がある。

失敗するのは無能な人間に限らない。非常に優れたマネジャーも時には過度の慢心につまずく。たとえば、変革を推進するための連携チームが力不足である、ビジョンの構築あるいは周知が不十分である、変革の障害をしっかり取り除かない、などである。

また、計画が不備で、信頼の獲得に必要な十分な短期的成果が出せなかったり、最初の成果が出ただけで変革の成功を拙速に宣言したりしてしまう。さらには新しい手法を企業文化に定着させない、新しい手法を支える企業文化をつくり出さない、といったこともある。戦術の面でも、圧力をかける必要がある場面で啓発しようとしたり、コミュニケーションを改善すべき場面で変革の細部を交渉したり、協調姿勢で臨んだほうがよい場面で策略を仕掛けたりする。

大きな変革の経験を積んでいれば、このような過ちは少なくなるだろう。しかし、多くの人々は、変化の少ない安定した世界を前提にした教育を受け、育ってきている。そのような世界はもはや存在しないはずなのに、である。

結果、既存のシステムをマネジメントしていく方法や物事を少しずつ変えていく方法しか習得しなかった。組織が飛躍するための大きな変革に必要なリーダーシップをどうやって発揮するのか、だれも教わらなかったのだ。

教訓4

ここでリーダーシップの問題がきわめて重要になるのは、リーダーシップとマネジメントは別物だからである。変革の最大の原動力はリーダーシップであり、マネジメントではない。リーダーシップが不足すると、過ちを犯す確率は大きく高まり、変革が成功する確率は低くなる。

ここで述べるリーダーシップとは、ビジョンと戦略を策定すること、戦略にふさわしい人員を結集すること、障害を克服しビジョンを実現するために、社員にエンパワーメントすることである。この意味で、リーダーシップはマネジメントとは明確に異なる。マネジメントとは、計画と予算の策定、組織編成、人員配置、統制、問題解決を通じて、既存のシステムを動かし続けることだ。リーダーシップは生身の人間や企業文化が相手であり、ソフトで熱い。一方、マネジメントは組織の階層と制度を介して実行される、ハードで冷めたものである。

このリーダーシップとマネジメントの違いは、恣意的でも意味論的でもない。むしろこの違いはとてつもなく重要で、同時に人を大きく混乱させる原因でもある。マネジメントとリーダーシップは同じものと考える人間は、変革をマネジメントのやり方で行い、自分のコントロール下に置くが、困難を伴う大きな変革の実現に必要なものは示すことができない。

リーダーシップに欠けるマネジャーは、ほぼ確実にさまざまな落とし穴にはまる。たいていの場合、彼らには変革が必要だという危機意識が足りない。変革の推進に強力な連携が必要であることも重要視しない。計画や予算を立てるだけで、ビジョンもビジョンの実現に必要な戦略も策定しない。新しい針路について、組織内で十分なコミュニケーションを取ろうとせず、社員がビジョンの実現に向かって行動できるよう障害を取り除くこともしない。そして変革の成功を拙速に宣言してしまい、新しい手法を企業文化に定着させることもしない。

ただしここで言いたいのは、「リーダーシップは善、マネジメントは悪」ということではない。単に両者は異なるもので、異なる目的のために存在する。マネジメントの根本的な目的は、既存のシステムを動かし続けることであり、リーダーシップの目的は、効果のある変革、特に大きな変革を生み出すことにある。

両者のいずれかに過不足が生じることもあるかもしれない。強力なリーダーシップがあっても、マネジメントに欠ければ組織を大混乱に陥れる危険性があり、組織ごと谷底に転落するかもしれない。逆に強力なマネジメントがあっても、リーダーシップに欠ければ組織は致命的な官僚主義に陥るだろう。

教訓5

組織を動かすうえでリーダーシップが占める割合は、変化のスピードが加速するとともに増している。

数十年前には、製品のライフサイクルは一五年だったが、いまでは同型の製品で四年に短縮した。三〇年前には、苦情への対応時間は数日程度かもしれないが、現在は数時間以内でなければならない。四〇年前の組織では、コンピュータの入れ替えは一〇年あるいは二〇年ごとでよく、今日のように三年置きではなかった。

この結果、優秀な経営幹部がリーダーシップに費やす時間も、かつては勤務時間の四割程度だったのが、いまでは最大八割を占めると見られる。組織階層の最下位のマネジャーですら、勤務時間の最低二割をリーダーシップに充てており、動きの激しい業界ではこれをその割合はさらに高いと思われる。

リーダーシップとマネジメントが別物であることを踏まえると、組織を動かす仕事がこのように変質していることはきわめて重要である。まるで、これまでの会計という担当業務に突然、ピアノ演奏が加わったような、あるいは、小さなレストランでピアノ弾きのアルバイトをしていたのが、突然、会計業務は副業にして、プロとして交響楽団で演奏してほしいと言われるようなものである。どのような環境であれ、仕事内容がこれほどに変わることはだれにとっても難しいことであり、なかには不可能な人もいるだろう。しかし、何が会計業務で何がピアノ演奏かを混同すれば、さらに問題は悪化する。

同様に、今日の組織においては、リーダーシップとマネジメントを混同しているがために、問題が悪化する。リーダーシップを求められたのにマネジメントを強化してしまい、結果、上司からも顧客からも評価されず、本人も不満を抱え込む。マネジャーとリーダーでチームを組むというのも一つの解決法だが、カテゴリーがはっきりしないという理由で行わない。結果、マネジャーはマネジャーだけでチームをつくり、リーダーは、いかに少数派であっても、引き続き組織を揺さぶる不穏分子と見なされるのだ。

とはいえ、組織を動かす人間は、いまやマネジメントとリーダーシップの両方の責任を負わされている。その職責は複雑になり、何らかの新しい考え方も必要になっている。

教訓6

組織を動かす仕事は、ますます次のようなものになりつつあると考えてよい。すなわち、計画・予算（マネジメントの部分）とビジョン・戦略（リーダーシップの部分）を盛り込んだ課題《アジェンダ》の作成、階層の縦のネットワーク（マネジメントの部分）と複雑な人間関係の横のネットワーク（リーダーシップの部分）を駆使した、課題遂行のための人脈づくり、そして統制（マネジメントの部分）と動機づけ（リーダーシップの部分）による課題の遂行、である。

計画とビジョン、縦の階層と横の人脈、統制と動機づけの比重はそれぞれ、個人の傾向や職責によって違ってくる。しかし概して言えば、組織での地位が高くなるほど、リーダーシップの比重を増やす必要がある。

課題と人脈という広い概念は、リーダーシップとマネジメントの両カテゴリーにまたがるため、組織を動かす人々の行動について論じる際に有用である。純然たる意味でのマネジャーもリーダーも、課題づくり、人脈づくりを行うが、両者のやり方は大きく異なる。しかし今日では、マネジャーとリーダーいずれかの役割しか必要としない環境は稀で、通常は両タイプの行動が求められる。

リーダーシップ重視型の人間は、時にマネジメントという従来の考え方を排したい誘惑にかられるものだが、一般に、強いリーダーシップが求められる仕事にもマネジメントの要素は入ってくる。課題と人脈という二つのコンセプトを念頭に置くことで、計画や統制、ビジョンや動機づけばかりにとらわれず、マネジメントとリーダーシップ双方のベストな部分を活かすことができるだろう。

教訓7
一般に、マネジメントが組織の公式の階層を通して行われる一方、リーダーシップは階層を介さない。そのため、変革に当たってリーダーシップの強化が必要になると、マネジャーはさらに複雑な人間関係に巻き込まれる。

変化の少ない安定した世界では、中心はマネジメントになり、重要な仕事は階層に沿って遂行されていく。そのため、社員は組織図通りに部下を自分の下に見て、上司を上に見ていればよい。しかし、変化の絶えない世界では、リーダーシップの強化が必要になり、指揮系統の外側にいる人間も重要になってくる。また組織図上に表れないものや、企業文化のように目に見えないものも重要性が増してくる。

新しい製品戦略では、新たな情報システム、人事評価、ポスト、姿勢などが必要になるため、新戦略に着手するマネジャーは、従来に比べて多くの人間と関わることを強いられる。もし自分の部下だけに目を向けて、人事部門やIT部門、みずからのビジョンで変革を実現しようとしている他のマネジャーたちを無視すれば、立ち行かなくなるだろう。

教訓8
組織を動かす仕事には、ますますリーダーシップに関わる部分が増えている。リーダーは複雑な人間の依存関係のなかで仕事をするため、組織を動かす仕事も、単に他人に対して公式の権限を行使するよりも、インフォーマルな人間関係の駆け引きのようになる傾向を強めている。

階層の底辺で働く、一見すると取るに足らないような無能な社員が、いろいろ策略をめぐらして要職にあるマネジャーの障害になったり、あるいは逆に助けになったりする。

その原型は、アメリカで映画やテレビ・ドラマにもなった『M★A★S★H マッシュ』(注1)に登場する「レイダー」ことオライリー伍長である。レイダーは下級士官だが、大佐を苦境に立たせることもある。現実の世界でもレイダーのような人間は次々登場しており、マネジャーは上司や部下、他部署の人間、さらには社外の人間までにも積極的に依存しながら仕事を進める機会が増えている。

組織における依存関係はいまに始まったテーマではなく、少なくとも三〇年代から論じられてきた。しかし、少なくとも専門家の間では、ひっそりと間接的に論じられることがほとんどだった。むしろもてはやされていたのは、組織における権限や職責、統制範囲、組織構造などに関する学術書で、うまく実践できれば非常に有効ではあるものの、公式の権限や階層、マネジメントを重視しがちであった。

私が助教授として最初に発表した重要な考察に次のようなものがある。すなわち、人は組織を動かす立場に就くと、指揮系統外の社員を含め、他者への依存を強めるものであるため、従来の研究のように公式の権力のみに焦点を当てるよりも、組織における依存関係に注目するほうが大事だというものである。この考えはやがて一部の人には自明になっていったが、「上に立つ者は、何よりもまず権力を持っている者」と考えていた人にとっては、当時はピンと来ないものだった。

ビジネス・スクールでも一部の学生、特にマネジメントの経験がない学生にとっては、この他者への依存という概念は非常に理解しにくい。彼らにとって、マネジャーの仕事は権力と支配の源だからこそ魅力的なのだ。自分の将来のキャリアが、権力はあるものの、他人に依存する仕事でもあるとわかれば、たしかに気抜けしてしまうだろう。

教訓9
組織の階層や公式の権限、マネジメントに加えて、人脈や他者への依存、リーダーシップについても思考を広げてみると、さまざまに興味深い示唆が見えてくる。

命令する仕事の重要性は低下している。むしろ、人脈で結ばれた人たちと良好な仕事関係を築くことの重要性が高まっている。直属の部下以外の社員にも目を向ける必要があることも明らかである。上司との関係を積極的にマネジメントすることも組織のためになる。

私が七九年にこの最後のポイントを論じた際には、多くの人が奇妙なことだと驚いた。マネジャーは階層的には見下ろす側、命令系統の上に立つ側だという考え方が一般的であり、上司をマネジメントするという考え方は、政治的な意味合いを除きナンセンスだったからだ。しかし優れたマネジャーというのは、出来の悪い上司に当たった場合でも、しっかり仕事をしてもらえるよう上司をマネジメントするものである。同様に優れたリーダーとは、自分に関わるすべての人と良好な関係を築けるものであり、そこにはもちろん上司も含まれる。

リーダーシップやマネジメントをうまく行う、特にリーダーシップの一環として上司をうまくマネジメントするということは、上司と上司の置かれた状況を理解する、自分自身と自分のニーズを把握する、さらにそのニーズとスタイルに合った関係を上司と築き、維持する、ということを意味する。この人間関係は、互いに期待し合い、上司への報告を怠らず、互いに誠実で頼りになる存在になり、上司の時間と資源を使い分ける関係でもある。こうした行動様式によって、ルーチン業務も変革もこなせるようになり、特に変革においては無謀なやり方を避けることができる。無謀な社員というのは、概して組織では閑職に追いやられてしまう。

教訓10

マネジャーやリーダーが分刻み、時間刻みで行動していることは、マネジャーや英雄的なリーダー、経営幹部に対する典型的なイメージとはまず一致しない。そのため、新人のマネジャーはかなり困惑してしまう。しかしこうした仕事の進め方は、マネジャーが担う仕事の幅広さ（リーダーシップとマネジメント）、難しさ（組織の維持と変革の実施）、複雑な人間関係（公式の階層に留まらない）を考えれば、納得がいくだろう。

マネジャーやリーダーの行動や責務を日々じっくり観察すると、我々が夢に見る「優秀なマネジャー」や「ビジョンを持ったリーダー」の像とは似ても似つかないことがわかる。

現実の世界では、優秀なマネジャーは部下に限らずとにかくだれかと話している時間が長い。話の内容も業務に関するものに留まらず、多岐にわたる。指示よりも質問をしていることのほうがはるかに多く、実際に重大な方針を下すことはめったにない。むしろ、無駄話や冗談を言い合って人間関係を深めようとしている。こうした行動はとてもカジュアルで、時には何の脈絡もないようにさえ見えるが、実際にはきわめて効率的な仕事の進め方で、短時間のうちにさまざまなタスク（つまりリーダーシップとマネジメントの仕事）をこなすことができるのだ。

優秀なマネジャーをよく観察すれば、この手法の論理が見えてくるのだが、それは非常にとらえにくいものでもある。この手法は、他のマネジメント理論や経営理論の研究テーマに比べてこれまでほとんど研究が進んでおらず、教えられることもなかったため、マネジャー本人ですら、みずからの行動の内容やその理由についてうまく説明できないのだ。

世紀の変わり目に思うこと

九八年のいま、こうして一〇の教訓や論文を読み返していると、さまざまな問題が頭をめぐる。いま、私が以前に比べて上司のマネジメントよりも顧客サポートを重視するようになり、策略よりも新製品の開発の重要性を説くようになったのは、自分自身の経験の積み重ねに加え、さまざまな行動の長期的な効果や高い倫理観を持った人々の手による目覚ましい経済成長を目の当たりにし、倫理観・リーダーシップ・業績の三者に相互関係があることに気づいたからである。

もちろん、顧客満足や新製品の開発には、時には上司のマネジメントや策略も必要だと論じる声もあろう。私もそれを否定はしない。しかし、広い意味での倫理観を欠く行動が多くなると、他者に迷惑をかけないという決意にも欠けるようになり、結果的には目先の利益を追求する戦略によって長期的なリーダーシップが阻害されるおそれが高まる。これに対して、たしかに原則はその通りだが、それほど重要なことでもないと考える人もいるだろう。しかし私の長年の経験では、偉大なリーダーにとってはこの点がきわめて重大な意味を持つのだ。

今日、リーダーシップとマネジメントの違いについては、私が初めて論じた八七年当時よりは理解が深まっている。しかし問題は依然として大きい。マネジメントのことを話すつもりが、実際にはリーダーシップと言っていたり、リーダーシップとマネジメントの組み合わせのことを話すつもりで、リーダーシップと呼んでいたりすることもある。またリーダーシップが期待される人間について話す時にも、本人の実際の行動とは無関係に、リーダーシップと言ったりもする。こうした混乱は、リーダーシップの真の意味を理解していないがために起きる。

リーダーシップの意味が不明瞭なままでは、リーダーシップに必要なスキルは正しく習得できない。トレーニングで誤ったテーマに目を向けてしまうし、適格でない人間を昇進させてしまうこともある。とりわけ問題なのは、才能あるマネジャーであっても適切に行動できないことである。彼らはリーダーシップを発揮することなく、変革のマネジメントに走る。社員のマネジメントは行っても、困難な状況を克服できるよう彼らにやる気を起こさせることはしない。また、事業を継続させることには成功しても、新しいチャンスをつかんだり、さまざまな新しい危機を回避したりすることには失敗する。

いま私が知っている最も理想的な企業は、マネジメントとリーダーシップの違いを明確にできた企業であり、幸運にも現代のロール・モデルがリーダーとなっている企業である。しかし大半の企業では、相変わらずマネジメントとリーダーシップの区別に苦労している。私はこの数年で「マネジメント・コンピテンシー」と題されたリストを数多く見たが、どれもマネジメント、リーダーシップ、その他のスキルが混在しているうえ、欠落があったり無意味な優先順位がついていたりした。知性のある人間が自分の組織を大切に思うのなら、もっとふさわしいリストをつくれるはずである。

変革というテーマの重要性はこれからも高まり続けるのだから、マネジメントとリーダーシップの混同を解消することは大切である。変革が多くなるほど、強力なリーダーシップが必要になる。何が欠落しているかを見極めることができなければ、リーダーシップも確保できないだろう。

我々を取り巻く環境はいまも、そしてこれからも変化し続けるだろう。思慮深い人のなかには、五〇年前や一〇〇年前、一〇〇〇年前に比べれば現代も進歩のペースはあまり変わっていないと考える向きもあるだろうが、私はそうは思わない。これまで多くの製品のライフサイクルが二〇年から一〇年に、五年から二年に短縮されるのを見てきたからだ。また情報技術がどんどん変化し、我々に大きな影響を与えていることも経験した。世界の出来事も、以前ならゆっくり影響が広がっていったものだが、いまではほとんど瞬時に大きな影響を及ぼすようになった。このペースがどう減速するのか考えもつかないが、このことはリーダーシップをめぐる問題に多くの示唆を与えてくれる。

現在のグローバル経済では、世界の人口五八億人（二〇一二年現在は七〇億人を突破）のうち一〇億人もの人々が製品と市場でつながっている。ドイツの小さな町では、ほとんどの製品やサービスは町の外から入ってくる。しかし、インドやイラクなどにある何千もの小さな町には、こうした大きな経済システムに統合される動きはいまだ及んでいない。未来学者はほぼ全員が、さまざまな理由でグローバル化が今後も続くと予想している。これは世界経済システムに加わる人々が増えることであり、チャンスも危機も変化もさらに拡大することを意味する。二〇億人が関わるグローバル経済は、現在の一〇億人規模よりも一段とダイナミックになるであろうし、三〇億人規模になればさらに変動は激しくなるだろう。

私は、最近まで技術が大きな変革を生み出すという考え方をあまり重視してこなかった。専門家があまりにも長年、技術は我々の生活に大きな影響を及ぼすと吹聴しすぎたため、懐疑的になっていたのだ。しかし、実際のところ、我々は産業の時代から新しい時代へと移りつつあるようだ。この意味は甚大だ。

技術の時代の到来は、世界最大のコンサルティング会社の前身が会計監査会社であり、その仕事がいずれもIT関係であることに如実に表れている。アンダーセン・コンサルティング（現アクセンチュア）一社だけでも年商は数十億ドルに上り、会計監査系の多くのコンサルタント会社が年二桁の成長率を示している。私が大学を卒業した六八年当時に、もし、アンダーセン・コンサルティングはマッキンゼー・アンド・カンパニーの一〇倍近い規模に成長するとだれかに話したとしても、技術に詳しい同級生ですら信憑性のないことだと思っただろう。

働く人々の教育水準が向上していることは、新しい情報通信時代における当然の帰結だと論じることもできる。しかし教育水準の上昇には多くの産物があり、少なくとも変革やリーダーシップにはその影響が及んでいる。小学三年生程度の教育水準の社員は自分の業務が変化することを脅威ととらえるだろうが、電気工学の修士号を持つ社員は限られた範囲であっても変革を起こしてみたいと思うかもしれない。特に後者の場合、リーダーシップが何たるかを知らないマネジャーの指示におとなしく従う可能性は少ないだろう。

こうした環境において、変革への備えがある二一世紀の組織というのは次のようなものであると考える。つまり、大きな変革に着手した時に限らず、いつも社員に高い危機意識を持たせ、現状に慢心させない組織、いざという時にすぐに変革推進のためのチームを連携できるよう、チームワークを重視する組織、ビジョンが全面的に浸透し、必要に応じて刷新が行われ、広く継続的に周知される組織。そして、新しい針路に向かって動けるよう社員に権限を与える組織である。こうした要素を備えていれば、今日では五年を要する変革も一、二年のうちに達成でき、急速に変化する競争環境においても後れを取ることはないだろう。

理想的な組織のトップは、あらゆる変革とリーダーシップの必要性に対応するために、マネジメントの権限を下のレベルに委譲している。また業務の無駄を省き、時代遅れの活動を廃止している。この両方を行うことによって、新たに時間と余裕が生まれ、マネジャーがリーダーシップを発揮する時間を確保できるのだ。仕事のあまりの変容を脅威に感じ抵抗するマネジャーもいるだろうが、その一方で、変革を幸運ととらえ、かねてから必要に感じていたことを実行に移せる待望のチャンスが到来したと考えるマネジャーもいるだろう。

トップが下に権限を委譲できない組織や不要な業務を削れない組織では、トップが疲れ果ててしまうケースが増える。週五〇時間の労働時間は、週六〇時間、さらには週七〇時間になり、ストレスも増大する。トップが微に入り細をうがちコントロールすることにこだわる組織では、未決事項が山積してしまう。そのうえ、だれもが保身に走るため、目先にとらわれた社内政治が横行することにもなる。結果として組織が被る痛手は甚大だろう。

こうした落とし穴をうまく回避し、マネジメントの権限をトップから下に委譲できた企業のCEOは、目的は何かという基本的な問いに多くの時間を費やしているようである。ここで言う目的とはミッション・ステートメントのことではなく、答えられるような質問、たとえば

「なぜ私はここで働きたいのか」「我々が行っていることの意味は何か」といった質問である。組織に明確な目標、しかも説得力のある目標がなければ、教育水準の高い社員は、いとも簡単にアメリカの漫画『ディルバート』(注2)に描かれるような倦怠ムードに陥り、組織を機能不全にさせるだろう。

さらに、常にそうとは限らないものの、マネジメントの責任をうまく下に移せた組織では、中間層が従来の管理業務の一部を業務チームやその監督役に任せるよう指示されている。そこで、その中間層はIT技術を活用し、これまでのトップ・マネジメントよりもうまく組織を動かすことができる。中間層の一部にはこうした変化に抵抗する人間もいるだろう。業務チームにはみずからをマネジメントできるスキルはなく、試しにやらせても失敗するか個人的な利益に駆られたマネジメントを行うだけだというのがよくある主張である。しかし、まったく別の反応をする中間層もいる。彼らは抵抗するよりもむしろこの変化を歓迎し、ようやく自分の信念を実行に移す時間ができたと考えるのだ。

一般に、階層の上下にかかわらず、新しい責務を果たすためには変革に抵抗していない社員でも自己啓発が必要になる。この意味で、ロール・モデルの存在は大いに役立つ。トレーニングも時には有用だろう。小さな失敗にも寛容な企業文化も確実に役に立つ。こうした自己啓発は容易ではなく、すぐに達成できるものでもない。だが人を伸ばすことをしなければ、長期的に企業の健全性は損なわれ、社員も過度の重労働を強いられる。

私が今日驚くのは、職場の公式な縛り――組織図、職務記述書など目に見えるハードで有形なもの――を変更しさえすれば、実質的な変化も生まれると、依然として多くの人間が思い込んでいることだ。これは公式の権限の分散や業務関係の規定を重要視しないということではない。むしろ逆である。

しかし、安定した組織が公式の階層と密接に関わる一方で、変革はインフォーマル・ネットワークに関係するため、組織の移行期や変革期においては、公式の役職や業務関係は部分的に、それも多くの場合はごく一部分しか、意味を成さない。三〇歳以上のマネジャーならこれが少なからず正しいとわかるはずだが、それでも難題に直面すると、つい組織図の四角い箱や線に手を加えるという比較的楽な道を選んでしまいがちである。

リエンジニアリング革命は、エンジニアリングの考えを徹底的に用いているため、多くの面で問題を悪化させてしまった。二〇世紀に一般的な考えとなった、「ハードは善で、ソフトは悪」との認識を広めてしまったのだ。おそらく例外的な期間は『エクセレント・カンパニー』(注3)が八二年に出版されてからの一〇年間であろう。

企業に対してコンサルティングする立場の人間がリエンジニアリングの手法をいろいろ売り込んだことも、問題を助長したと思う。コンサルタントは、プロジェクトの迅速な実行を求められると、たいていの場合、組織変革を勧め、繊細でとらえにくい難しい行動の問題は避けてしまう。経営陣は単純な組織すら動かせず、社員の間には直近に導入された情報システムすら定着していないのに、グローバル・マトリックスに移行してはどうか、情報システムを強化してはどうかと進言するのだ。さらには、社員の行動様式を変えるためにリーダーシップが必要な場面でも、職務記述書を改訂したりする。

本書の第1章から第6章、そしてこの序章を読み返すと、私はマネジメントの難しさをあらためて痛感する。組織を動かす仕事には、マネジメントの能力と最低限のリーダーシップが求められるのが普通である。とりわけ組織の最上層部では、変化を続ける事業環境に対応するために、強いリーダーシップが必要である。そして多くの場合、複雑な計画システムや統制、組織構造、人事システムを動かす能力と同時に、巨大で目に見えない人間関係のネットワークのなかを自在に動き回り、そこで築いた関係をビジョンの策定や社内のコミュニケーションに活用する必要もある。また社員を鼓舞すると同時に統制するという、一見相反する二つの行動を取る必要もある。

こうした現実を知ったうえで我々の社会文化に目をやると、悲しいかな、いかにマネジャーが複雑な仕事をこなしているか、そして、企業経営に成功しているマネジャーがいかに社会に貢献しているか、ほとんど評価されていない。だれもビル・ゲイツを英雄として持ち上げていないと言うつもりはないが、彼が何をやっているのかよく知らないまま、多くの人間は彼が社会ではなく自分のために偉業を達成していると考えているだろう。

残念なことに、影響力の大きいエンタテインメント業界も、本書のテーマについて誤解に満ちたイメージをつくり出し、流布している。テレビのドラマやコメディを観ると、マネジャーの地位、特に企業の上層にいる人物は、たとえ頭の弱いずるい者であっても、競争に勝って成功できるかのように描かれている。

大げさな反応だと思われるかもしれないが、最近読んだ研究には、テレビ・ドラマに登場する企業の重役は大多数が犯罪に手を染めていたとある。腹黒い悪人だったり、間抜けな人間だったりで、社会のために重責をまっとうしようと努める真摯な父親や母親として描かれることはほとんどない。こんな馬鹿げたことの影響を心配するのは愚かしいことかもしれないが、メディアにはそれほど強力なプロパガンダの力があるのだ。

一方、いまの幼稚園から高校までの学校教育は（幼児教育の影響は限定的との見方もあるが）、テレビよりもはるかに強い影響力がある。しかし公立・私立を問わず、学校という社会的に重要な組織で、マネジメントの授業が行われているという話は聞いたことがない。さらに懸念されるのは、生徒に伝わるマネジャーのイメージが「ただ儲けたいがために会社を経営している」というような意地の悪い常套句で歪められていることだ。営利行為はあらゆる真価あるものと相容れないと考えられがちで、企業活動は環境を破壊し、人間を傷つけると言う人もいる。このような極論に従うと、企業のマネジャーはほとんどギャングのようであるし、少なくとも人類への貢献度ランキングなら最下位近くの評価になるだろう。

これに対して教育者はきっと反論し、悪いイメージなど伝えていない、違う例を出してよい面を伝えようとしているとか、あるいは、世のなかは金という現実では、いくら教師が努力しても、結局生徒は芸術家や公務員や教師といった社会奉仕的な職業には就かず、ビジネスの世界に進んでしまうと言うかもしれない。だが残念ながら、私はこのどちらの考えにも同意できない。

もちろん、小学四年生の図画工作を止めてマネジメントの授業にすることを提案しているわけではない。しかし、医師やスポーツ選手が尊敬に値する職業で、企業経営者は逆、といったことを学校で教えることが、はたして社会にとってプラスになるのかは考える必要はあるだろう。最終的に医大やバスケットボール選手としてNBAに進める若者はごく少数で、多くの若者はマネジャーが動かす組織のなかで働くことになるのだ。エンタテインメント産業も学校教育も、若手のマネジャーやこれからマネジャーになる人たちを混乱させ、誤解させている。組織に大きく依存する社会では、これが賢明でないことは確かである。

最後にもう一言。どのような論文や書物でも、著者の一番の望みは、読者に英知を与えられることである。だがこれは、残念ながらまず達成できない目標でもある。読者が自分の経験と重ね合わせながら本書を読み進んでいってくださるならば、英知に触れるチャンスは大きく増えると思う。どうか医学書のように知識を詰め込もうとして読むのではなく、またメニューのように適当にかいつまんで読むのでもなく、自分のこれまでの経験を咀嚼するためのアイデアとインスピレーションの源として読んでいただきたい。このように読むことは、みずからを真摯に省みる作業にもなる。これはけっして簡単なことではない。しかし、組織を動かす仕事の重要性を考えれば努力に値するであろう。

【注】

(1)
原題は、*MASH/M★A★S★H.* 一九七〇年のアメリカ映画。朝鮮戦争を舞台に三人の軍医を描くブラック・コメディ。

(2)
Dilbert. スコット・アダムス原作のアメリカの漫画。ディルバートというエンジニアを主人公に、管理的な職場を皮肉ったユーモアで知られる。

(3)
Tom Peters and Robert H. Waterman, Jr., *In Search of Exellence: Lessons from America's Best-Run Companies*, Haper and Low, 1982.（邦訳は、一九八三年、講談社より。二〇〇三年、英治出版より）

第1章

リーダーシップとマネジメントの違い

What Leaders Really Do

What Leaders Really Do
HBR, May-June 1990.
初出「リーダーシップ強化法」を新訳・改題
『ダイヤモンド・ハーバード・ビジネス』1990年9月号

リーダーシップとマネジメントは補完関係にある

「リーダーシップ」は、「マネジメント」とは別物である。しかしその理由は、大方の人々が考えているものではない。

リーダーシップとは、神秘的なものでも謎でもない。リーダーシップには、カリスマ性など個人の資質は関係ない。限られた選ばれし者だけの分野でもない。また、リーダーシップは必ずしもマネジメントより重要であったり、マネジメントの代わりになったりするものでもない。

むしろ、リーダーシップとマネジメントは、相異なるも補完し合う行動体系である。どちらの活動も独自の機能と特徴を合わせ持っている。複雑さを増し、変化し続ける環境で成功するには、どちらも必要である。

今日のアメリカ企業のほとんどが、行きすぎたマネジメントとリーダーシップの機能不全に陥っており、リーダーシップを発揮する能力の開発が求められている。成功している企業は、リーダーが現れるのを待ってはいない。そのような企業は、リーダーの資質を有する人材を積極的に探し出し、その資質を伸ばすように設計されたキャリアを経験させている。実際、慎重に選抜・育成し、その意欲を引き出すことで、多くの人材が組織内部で重要な役割を果たすようになる。

ただし、そういった人材の能力を伸ばす一方、リーダーシップが強くてマネジメントが弱いと、問題であることを覚えておかなければならない。実際、逆の組み合わせも同じく問題だが、これよりも悪いケースもある。現実として取り組まなければならないのは、優れたリーダーシップと強いマネジメントとを結びつけて、両者のバランスをうまく図り、活用することである。

もちろん、だれもがリーダーとしてもマネジャーとしても有能というわけではない。優れたマネジャーになる能力を持っていても、強力なリーダーにはなれないタイプもいれば、優れたリーダーの素質の持ち主でも、優秀なマネジャーになるのは難しいタイプもいる。賢い企業は、両方のタイプを重視し、組織の一員として活用することに取り組んでいる。

しかし、このような企業も、次代のリーダー人材を養成する段になると、「マネジャーとリーダーを両方こなせる人物はいない」という最近の文献を無視して、リーダー兼マネジャーを育成しようとしている。実際、リーダーシップとマネジメントの根本的な違いを理解すれば、一線級の人材に対して、リーダーシップとマネジメントの双方を教える訓練を着手できる。

マネジメントとリーダーシップの違い

複雑な状況にうまく対処するのが、マネジメントの役割である。マネジメントの手法や手順は、主として二〇世紀最大の進歩の一つ、大組織の出現によって生まれた。マネジメントがお粗末だと、複雑な企業は秩序を失い、存在そのものが脅かされてしまう。逆にしっかりしていれば、製品の品質や収益性といった重要な領域に、ある程度の秩序と一貫性がもたらされる。

これに対してリーダーシップの役割は、変化に対処することである。近年リーダーシップの重要性が高まっている理由の一つとして、ビジネスの世界で競争と変化が激しさを増していることが挙げられる。技術革新のスピードアップ、国際競争の激化、市場での規制緩和、資本集約型産業での過剰生産能力、気まぐれな石油カルテル、ジャンク債を武器にした乗っ取り屋、労働力の人口構成の変化などによって、競争の激化や目まぐるしい変化が生じている。結果、昨日と同じことの繰り返しでは、あるいは少々の改善程度では、もはや成功は得られない。

こうした新しい環境を生き抜き、競争を勝ち抜いていくには、大規模な変革がよりいっそう求められている。そして変革が大きくなれば、より強力なリーダーシップが必要になる。

軍隊に例えて考えてみよう。平時の軍隊は、階層の上から下まで運営と管理が行き届き、同時に上層部の優れたリーダーシップがあれば、普通大丈夫だろう。しかし戦時下では、あらゆる階層で優れたリーダーシップが必要になる。人々を突撃させるうまい方法など、だれにもわからない。つまり、彼らは、リーダーシップで率いていかなければならない。

マネジメントは複雑さに対処し、リーダーシップは変化に対処するという役割の違いから、両者を特徴づける行動が見えてくる。マネジメントとリーダーシップどちらの行動体系にも、やるべきことを決定し、課題の達成に資する人脈や人間関係を築き、さらに組織メンバーにちゃんと仕事をさせるように努力する、ということである。とはいえ以上の三つの仕事をやり遂げるにも、両者ではやり方に違いがある。

複雑さをマネジメントするために、まず計画と予算に着手する。つまり、将来（一般には、翌月や翌年）の目標を定め、その達成に向けて具体的な手順を決め、各計画を実現するための資源を配分する。これに対して、組織に建設的な改革を起こすためにリーダーシップを発揮する場合には、まず方向性を決める。将来（通常は、かなり遠い未来）ビジョンと、その実現に必要な変革を起こすための戦略を、まず立案する。

マネジメントでは、立案した計画を達成できる能力を開発するために、組織づくりと人員配置を行う。具体的には、計画達成に必要な組織構造と一連の各業務を創設し、そこに適切な人材を配置し、彼ら彼女らに計画の内容を伝え、実行の責任を負わせて、実行状況をモニターする仕組みをつくる。かたや、目的は同じでも、リーダーシップは、組織メンバーの心を一つにすることである。つまり、メンバーたちがビジョンを理解し、その実現に向けて努力を傾け、全員が一丸となれるように、新たな方向性を伝えるのだ。

最後になるが、マネジメントは統制と問題解決によって計画の達成を確実にする。報告書やミーティングといった方法によって、公式および非公式に計画と実績を詳細にモニターし、そのギャップを突き止めて、問題解決の計画を立て、準備する。

一方、リーダーシップでは、ビジョンを達成するために、動機づけ、鼓舞する人間の欲求や価値観、感性など、根源的だがあまり表面に浮かび上がってこない要素に訴えかけることで、変革を阻む大きな障害があろうと、皆を正しい方向へ導き続ける。

これらの行動について詳細に検証すれば、リーダーに必要なスキルがはっきりするだろう。

「方向性の設定」vs.「計画と予算の策定」

変革を起こすことがリーダーシップの役割である以上、変革の方向性を決めるのは、リーダーシップの基本といえる。方向性の設定と計画（特に長期計画）の立案は混同されがちだが、両者はけっして同じではない。

計画の立案は、本質的に演繹的なマネジメント・プロセスであり、変革ではなく、何らかの結果を秩序立って生み出すように設計される。これに対して方向性の設定とは、どちらかというと帰納的である。リーダーはさまざまなデータを収集して、パターンはもとより、関係性や関連性などを見出し、物事を説明しようとする。

さらに言えば、方向性の設定――リーダーシップの一側面である――によって、計画ではなく、ビジョンと戦略が生み出される。こうして生まれたビジョンと戦略は、事業や技術、企業文化について、長期的にどうあるべきかを描き出すと同時に、この目標の達成に向けた現実的な道筋を明示している（**章末**「方向性の設定：アメリカン・エキスプレスのルー・ガースナー」を参照）。

ビジョンについて論議すると、その多くが謎めいたものになりがちである。つまり、ビジョンとは神秘的なもので、普通の人間には、たとえ優秀でも、ビジョンなど生み出せるものではないという結論になる。

しかし、事業の方向性を適切に指し示すのは魔術ではない。情報の収集とその分析は、つらく、時として心身ともにへとへとになるプロセスである。このようなビジョンを明確に示せるのは、魔術師ではなく、リスクに果敢に挑む、幅の広い戦略思考の持ち主なのだ。

ビジョンも戦略も、人々をあっと言わせるような斬新なものである必要はない。実際、最高のビジョンや戦略のなかには、斬新な要素がいっさいないものもある。有効な事業ビジョンは、きまってありふれたもので、有名なアイデアばかりで成り立っているものである。アイデアの組み合わせやまとめ方が目新しいケースもあるが、そういった要素すらない場合もある。

たとえば、一九八一年から九四年までスカンジナビア航空（SAS）のCEOを務めたヤン・カールソンが描いたビジョンは、出張で頻繁に飛行機を使うビジネス旅客をターゲットに、同社を世界最高の航空会社にしようというものだった。彼が言っていたのは、航空業界で働く者ならだれでも聞いたことがあるものだった。

ビジネス旅客は他のセグメントと比べて頻繁に飛行機を利用し、一般的に高額な運賃を支払うこともいとわない。このため、これら社用客に狙いを絞ると、高マージンや事業の安定性、そして高い成長性が見込める。ところが、ビジョンよりも官僚主義が幅を利かせる業界では、こうしたシンプルなアイデアを組み合わせてひたすら取り組むという企業は、これまで存在しなかった。SASはこれを実行し、成功させた。

ビジョンを描くうえで重要なのは、独自性ではなく、顧客や株主、社員など、重要なステークホルダー（利害関係者）の利益にどれくらい資するのか、そしてそこから地に足のついた競争戦略をどれくらいスムーズに導き出せるかの二点である。

ビジョンがおかしいと、たとえば、顧客や株主よりも社員を優遇するなど、重要なステークホルダーの正当なニーズや権利を無視してしまう。あるいは、戦略的に怪しいビジョンもある。業界の万年弱小企業が、いきなり「業界ナンバーワン」を目指すと言い出したところで、それは単なる絵空事であって、ビジョンではない。

行きすぎたマネジメントとリーダーシップの機能不全に陥っている企業がよく犯す間違いがある。それは、長期計画こそ、競争と変動が激しい事業環境に適応していく能力や方向性の欠如に対処する特効薬だと信じてしまうことである。こうした取り組みでは、方向性の設定における本質を取り違えることになり、うまくいくはずもない。

長期計画の立案には、時間がかかるのが常である。何か予期せぬ事態が起これば、そのたびに見直さなければならない。変化する事業環境では、多くの場合、想定外の出来事は当たり前であり、長期計画を立てるのは、きわめて負担の大きな作業となる。このため、成功企業の多くが、計画立案作業にかける時間にリミットを設けている。実際、長期計画など、言葉として矛盾していると考える人もいる。

方向性が決まっていない企業の場合、短期計画を立てるだけでも、無限の時間とエネルギーを吸い込むブラック・ホールと化してしまう。また、計画立案のプロセスに相応の制約を課したり、方針を示したりするビジョンと戦略がないと、あらゆる不測の事態を想定した計画でなければならなくなる。

このような状況では、コンティンジェンシー・プラン（緊急時対応計画）を立案し続けるはめになりかねず、はるかに重要な活動に振り向けるべき時間と意識をいたずらに費やすことになる。それでいて、会社が心底必要としている具体的な方向性は得られない。やがてマネジャーたちは、当然ながらひねくれ、計画立案プロセスは高度な政治ゲームに成り下がってしまう。

計画立案が最もうまくいくのは、方向性の設定の代替手段ではなく、補完手段となった時である。優れた計画立案プロセスは、方向性が現実に即して設定されているかを検証するのに役立つ。同様に、方向性が設定するプロセスが優れていれば、現実的に実行可能な計画を立てることに集中できる。その結果、どのような計画が重要で、どのような計画が的外れなのか、明確に区別できる。

「人心の統合」vs.「組織編成と人員配置」

近代組織の主たる特徴として、相互依存性が挙げられる。いっさい他者に依存していないという者など存在せず、社員の大半が、仕事、技術、マネジメント・システム、階層などを通じて、大勢の人々と結びついている。このような結びつきは、組織変革では、とりわけやっかいな問題へと発展する。

各人が一列に並び、同じ方向を目指して一緒に動かないと、皆次々に転んでしまう。マネジメント教育を過剰に受け、リーダーシップ教育が不足している人の目には、同じ方向に向かって人々を動かすことは組織上の問題と映る。しかし、彼ら彼女らがやらなければならないのは、人々を「組織する」ことではなく、「一つにまとめる」ことである。

マネジャーは、できる限り正確かつ効率的に計画を遂行できる人的システムを生み出すために組織をつくる。そのためには、通常、複雑に絡み合う意思決定を次から次へと片づけていかなければならない。たとえば、職務体系や指揮命令系統の選択、適材適所の人員配置、社員研修、社員への計画の説明、権限を委譲する者とその範囲などを決定する必要がある。また、計画を達成するための経済的インセンティブ、そして計画の現状をモニターする仕組みも欠かせない。これら組織に関する判断は、建築にまつわる判断に似ている。つまり、ある特定の環境にふさわしいものかである。

人々を一つにまとめることは、これとは異なる。いかに設計するかより、いかにコミュニケーションするかという側面が大きい（章末「一体化：イーストマン・コダックのチャック・トローブリッジとボブ・クランダル」を参照)。

人々をまとめるには、組織化する場合よりも、たくさんの人たちと会話する必要がある。しかもその相手は、部下だけでなく、上司や同僚、他部門のスタッフ、サプライヤー、役人、そして顧客にまで及ぶ。ビジョンや戦略の実行に力を貸してくれる人、あるいはその妨げとなる人も、すべてその対象となる。

選択すべき将来に関するビジョンを皆に理解させることはコミュニケーションの問題であり、その重要性は、短期計画を達成するために人々を組織化することとはまったく異なる。つまり、アメリカン・フットボールのクオーターバックが次のプレーをチームに指示するのと、シーズン後半の試合で使う新しい戦術を説明するのと同じくらい違う。

数多の言葉を駆使しようと、吟味を重ねて選んだスローガンであろうと、このようなメッセージは、理解されたからといって受け入れられるとは限らない。そこで、リーダーシップにおける大きな課題の一つは、信用を獲得すること、すなわち皆にメッセージを信じてもらうことである。ただし、信用を得るには、メッセージを発する人の実績、またメッセージの内容そのもの、誠実さや信頼性に関する評判、言行の一貫性など、さまざまなことが関係してくる。

最後に、人々を一つにまとめると、組織化ではほとんど行われない形によってエンパワーメント(権限委譲)が進む。

組織が市場や技術の急速な変化になかなか適応できない理由の一つは、そのような企業では社員の大半が「自分は無力である」と感じていることである。彼ら彼女らは、外界の大きな変化を正しく察知し、適切な行動を起こしても、上層部のだれかが反対すれば、自分にはなす術がないことを経験的にわかっている。「方針に反する」「そんな余裕はない」「黙って言われた通りにしなさい」など、さまざまな叱責の言葉が浴びせられるおそれがある。

しかし、皆を一つにまとめることにより、少なくとも次の二つの面でエンパワーメントされるため、このような問題も克服できる。

第一に、明確な方向性が組織全体に伝わることで、末端社員もそのポジション固有の無力感を抱くことなく行動を起こせるようになる。その行動がビジョンに沿ったものである限り、上司も叱責することはできないだろう。第二に、全員が同じ目標に向かっているため、だれかの取り組みがほかのだれかのそれと対立し、失速してしまうおそれも少ない。

「動機づけ」vs.「統制と問題解決」

変革がリーダーシップの役割である以上、変革に不可避な障害に対処するうえで、人々から活気あふれる行動を引き出す能力が重要といえる。方向性を設定すれば、進むべき道筋が明らかになり、人々を一つにまとめれば、そこに向かわせることができる。同じく、うまく動機づければ、組織メンバーは障害を克服する力を得る。

経営理論によれば、システムの動きと計画を比較し、両者の間に乖離がある場合、統制のメカニズムを働かせれば、何らかの行動が起こるという。たとえば、管理の行き届いた工場では、計画立案のプロセスでは、適切な品質目標を定め、組織化のプロセスでは、これらの目標を実現できる組織に整え、統制のプロセスでは、品質にまつわる問題を、一カ月や二カ月もかかることなく、すぐさま察知し是正する。

統制がまさしくマネジメントの中核であるという理由からすれば、強く動機づけられた行動や触発された行動は、マネジメントとはほぼ無関係なものである。マネジメント・プロセスは、可能な限り、安全に安全を重ね、リスクをゼロにする必要がある。つまり、非常の手段、あるいは確保するのが難しいものに頼ることはできない。各種システムや組織構造の全体的な目的は、普通の人々が、普通のやり方で、ルーチンをきちんと処理できるようにすることである。わくわくするようなものでも、華やかなものでもない。しかし、それがマネジメントなのだ。

しかし、リーダーシップは違う。壮大なビジョンを実現するには、エネルギーを爆発させる必要がある。動機づけ、触発することで、人々はエネルギーを得る。ただし、統制のメカニズムのように、正しい方向に無理やり向かわせるのではなく、達成感、帰属意識、正当な評価、自尊心、自分の人生は自分の手に握られているという実感、理想に向かって生きる力など、人間の基本的欲求を満たすことによって、である。このような感情が芽生えることで、人は深く感動したり、力強く行動したりできる。

優れたリーダーは、さまざまな方法で人々を動機づける。まず、もっぱら相手の価値観に訴えるやり方で、組織のビジョンを明らかにする。これにより、社員一人ひとりが仕事の重要性を理解する。

またリーダーは、その組織ビジョンを実現する方法を決める際、社員たちも参画させる（あるいは、特定の社員を適宜参画させる）。こうすることで、社員たちは自分たちも組織を管理しているという実感を得る。

ビジョンの実現に努力する社員に手を差し伸べるのも、動機づけの重要な一手法である。コーチング、フィードバック、ロール・モデル（手本）などによって、職業上の成長を後押しし、自信をつけさせる。

最後に、優れたリーダーは、成功を評価し報奨を与える。これにより、社員たちは達成感を覚えるだけでなく、我々が働いている組織は自分たちを大事にしてくれていると感じられる。

以上のすべてが行われれば、仕事そのものはやりがいのあるものになる。

変化に富んだ事業環境にあっては、リーダーは、組織メンバー一人ひとりがリーダーシップを発揮するように動機づけなければならない。これが奏功すれば、組織全体に「リーダーシップの再生産」が起こり、あらゆる階層でさまざまなリーダーシップを担う人たちが登場する。

これは何とも有意義である。ビジネスの複雑な変化に対応するには、大勢の人たちが率先して行動することが求められるからである。これがあって初めてうまくいくといえる（章末「動機づけ：プロクター・アンド・ギャンブルのリチャード・ニコローシ」を参照）。

もちろん、源を異にする多種多様なリーダーシップが、必ずしも一つに収れんしていくわけではない。むしろ対立しやすい。複数のリーダーシップを機能させるには、これらの人々の行動を慎重に調整しなければならない。ただしそのためには、従来のマネジメントの役割を調整するものとは異なるメカニズムが要求される。

マネジメントに関わる活動が公式の組織構造によって調整されるのと同じく、リーダーシップに関わる活動は、強力なインフォーマル・ネットワーク——これは健全な企業文化の企業で見られる——によって調整される。その大きな違いは、インフォーマル・ネットワークはルーチンではない活動や変革について調整できる点である。

さまざまなコミュニケーション・チャネルを通じて結びついた人たちの間で信頼が築かれているおかげで、メンバー同士が良好な関係を維持し、変化に適応できる。また、個々の役割の間で対立が生じても、こうした関係があれば、衝突も解決しやすい。

おそらく最も大切なのは、このような対話と協調のプロセスから、現実離れしているばかりか相矛盾しているビジョンではなく、相互に結びつき調和の取れたビジョンが生まれてくるという点である。

その調整には、マネジメントの役割を調整する場合に比べて、おしなべてコミュニケーションをより充実させる必要があるが、公式な組織構造ではなく、強力なインフォーマル・ネットワークがあれば、これに対処できる。

どのような企業にも、多かれ少なかれ、非公式な人間関係は存在する。しかし、そのネットワークは、多くの場合、とても弱いか(結びつきが強いのは、ごく一部の人々のみで、それ以外はそうではない)、バラバラに存在している(マーケティング部門やR&D部門には強力なネットワークが存在するが、両者にまたがるリレーションシップは存在しない)。このようなネットワークでは、リーダーシップ活動が後押しされることはない。実のところ、広範囲にわたるインフォーマル・ネットワークはきわめて重要であり、それがない場合、数あるリーダーシップ活動のなかでも、その構築にいち早く取り組むべきである。

リーダーシップ重視の文化を醸成する

事業の成功においてリーダーシップの重要性が高まっているにもかかわらず、実際には、大半の人たちがリーダーシップに求められる資質を実際の仕事のなかで開発することを怠っているようだ。とはいえ、リーダーとしてもマネジャーとしても秀でた人材を育成し続けている企業もある。

リーダーシップの潜在能力が高い人材を採用するのは、その第一歩にすぎない。同じく重要なのが、彼ら彼女らのキャリア・パターンを管理することである。

リーダーシップの役割は広範囲にわたるが、これを効果的に発揮している人たちのキャリアは、えてして共通している。最も一般的で何より重要なのが、キャリアの早い段階で大きな試練に遭遇していることだろう。たいていのリーダーが、二〇代か三〇代に、リーダーの役割を果たそうと努力し、リスクを背負い、成功と失敗から学習するという機会を経験している。

このような学習体験は、リーダーシップに必要なさまざまなスキルや広い視野を身につけるうえで不可欠といえる。また、これらの機会を通じて、リーダーシップの難しさ、そしてリーダーシップが変革を生み出す可能性について学ぶ。

その後のキャリアでも、同じく重要な出来事に遭遇し、その際これまで以上にさまざまなことに対処しなければならなくなる。マネジャーとしてのキャリアはたいてい範囲が限られているものだが、重要な仕事でリーダーシップを効果的に発揮できる人は、その仕事を任される前に、そのような狭いキャリア以上の経験によって成長を遂げている。

これは通常、従来とは異なる部門への異動や早い時期の昇進によって、さまざまな仕事を経験した賜物である。また、特別なタスクフォースへの配属、あるいは長期にわたるゼネラル・マネジャーとしての経験が役に立つこともある。

いずれにせよ、こうして蓄積された幅広い知識は、リーダーシップのあらゆる側面に資することだろう。また、多くのリーダーが社内外に広い人脈を持っている。たくさんの人たちがこのような機会を経験すれば、そこに芽生える人間関係を通じて、強力なインフォーマル・ネットワーク——リーダーシップにおけるさまざまな活動をサポートするうえで欠かせない——が生まれてくる。

リーダーの育成において平均以上の成果を上げている企業では、比較的若い社員たちにやりがいのある仕事を用意することを重要視している。多くの企業では、分権化がカギとなる。分権化とは、組織のより下の層に責任を負わせ、その過程で、そこの人たちにやりがいのある仕事を与えることである。ジョンソン・エンド・ジョンソン、3M、ヒューレット・パッカード、ゼネラル・エレクトリックをはじめ、数々の有名企業が、このやり方を活用している。また、これらの企業のなかには、小単位の組織をできるだけ多く設けているところがある。その結果、やりがいのあるゼネラル・マネジメントの仕事が下の層に多数供給されることになる。

新しい製品やサービスを通じた成長に軸足を置くことで、刺激的なチャンスを別途用意している企業もある。3Mは長年にわたり、上市して五年以内の商品によって、少なくとも売上げの二五パーセントを稼ぎ出すという方針を掲げてきた。このおかげで、小規模の新規事業が多数生まれ、また同じ数だけ、リーダーシップの潜在能力が高い若手社員たちに力試しと成長のチャンスが与えられる。

このような慣行があると、社員たちには、小規模ないしは中規模のリーダーシップへの心構えが生まれる。とはいえ、リーダーシップに欠かせない重要な地位に向けて人材を育成するには、シニア・マネジャーの側で働く機会を増やす必要があるが、そのためには長い期間を必要とすることが多い。それは、キャリアの早い段階で、リーダーシップの潜在能力がきわめて高い社員を見極め、その能力を引き出し、育成するには何が必要なのかを具体的に特定することから始まる。

繰り返すが、このプロセスに魔法などはない。成功している企業のやり方は、驚くほど単純明快である。そのような企業では、若手社員や末端社員がシニア・マネジャーの目にとまるよう、さまざまな努力が傾けられている。シニア・マネジャーはその際、潜在能力が高いのはだれか、そのような社員を伸ばすには何が必要なのか、みずから判断する。また、より正確な判断を導き出すために、その時々の結論について論じ合う。

先に紹介した企業では、優れたリーダーシップの潜在能力の持ち主はだれなのか、どのようなスキルがあるとその能力が開花するのかをはっきりさせたうえで、能力開発の計画に取り組んでいる。

これは、正式なサクセション・プラン（後継者育成計画）、もしくは幹部候補選抜研修の一環として行われることもあるが、非公式のほうが多い。いずれの場合も、各候補者のニーズに合致した、現実的な能力開発の機会はどのようなものかについて合理的に評価することが重要である。

リーダーシップがうまく機能している企業では、これらの取り組みにマネジャー層の参加を促すために、リーダーの育成に成功した人を評価し報奨を与えることが多い。しかし、ほとんどの場合、このような報奨は正式な給与体系の一部になってはいない。なぜなら、この場合の成果を正確に測定するのはきわめて難しいからである。これは、昇進、特にシニア・マネジャーへの昇進にまつわる判断の一要素であり、しかも個人差が大きいようにも思われる。とはいえ、リーダーを育成できるかどうかが将来の昇進を左右すると言われれば、「リーダーシップなど育成できるものではない」と言う人たちでさえ、どうにかしてその方法を見つけようとするものだ。

このような戦略があれば、強力なリーダーシップを重視し、リーダーの育成に努力する企業文化が生まれてくる。今日、世界に大きな影響力を及ぼしている組織は複雑化しており、そこでは、リーダーシップを発揮する人材がより大量に求められている。そして、リーダーを生み出す企業文化を創出する人材も同様に必要とされている。すなわち、リーダーシップを重んじる企業文化を根づかせることが、リーダーシップの究極の使命なのである。

方向性の設定：アメリカン・エキスプレスのルー・ガースナー

ルー・ガースナーは一九七九年、アメリカン・エキスプレス（アメックス）の一部門、トラベル・リレーティッド・サービシズ（ＴＲＳ）の社長に就任した。ＴＲＳは当時、一三〇年というアメックスの歴史（同社の創業は一八五〇年）のなかでも屈指の試練に直面していた。

というのも、多くの銀行が、アメックスと競合関係にあるVISAやマスターカードと提携してクレジット・カードを発行し始めた、あるいは準備しつつあったのである。くわえて、数十社もの金融サービス会社が、相次いでトラベラーズ・チェック事業に参入してきた。成熟市場でこれほど競争が激しくなれば、通常は利益率が下がり、成長が頭打ちになる。

しかし、ガースナーの見立ては違っていた。アメックスに転身する前の五年間、彼はコンサルタントとしてTRSと一緒に仕事をし、赤字続きの旅行サービス事業部と競争が激化するクレジット・カード業務を分析していた。ガースナーと彼のチームは、経済情勢、市場動向、競争状態について抜本的に調査する一方、TRSのビジネスについて理解を深めていった。彼はその過程で、成熟産業のなかで一三〇年間続いてきた企業らしからぬTRSのビジョンを描き始めた。

数多の銀行からVISAやマスターカードとの競争を強いられているにもかかわらず、ガースナーは、TRSには活力あふれる成長企業になれる可能性があると見ていた。そのカギは、グローバル市場、とりわけアメックスがこれまで最高級サービスを提供してきた富裕層に注力することだった。この市場をより細かくセグメント化し、さまざまな新商品や新サービスを積極的に投入し、生産性の向上とコスト削減に投資することで、TRSは、お金を自由に使える顧客層向けに最高のサービスを提供できるだけでなく、これまで以上のサービスの利用も期待できる。

就任して一週間も経たないうちに、ガースナーはクレジット・カード業務のマネジャーたちを集め、それまでの運営方針について問い質した。特に、だれもが当然視していた二つの考え方に疑問を呈した。

●当該事業部が扱う商品は〈グリーンカード〉だけである。

●〈グリーンカード〉の場合、成長とイノベーションの可能性は限られている。

またガースナーは、起業家精神あふれる企業文化を醸成し、そのような文化のなかで成功を実現できる人材を採用・育成すること、そして社員たちに全体的な方向性をはっきり伝えることにも急ぎ取り組んだ。

彼と他のTRS経営陣は、筋の通ったリスク・テイキングには報奨を与えることにした。起業家精神を発揮しやすくするために、無用なお役所仕事をなくした。また、人材採用基準を引き上げて、将来有望な若手社員向けの特別研修「TRSグラデュエート・マネジメント・プログラム」を創設し、さまざまな経験を積ませたり、経営陣と密接に交流したりする機会を与えた。

TRSの社員全員にリスクを奨励するために、ガースナーは「グレート・パフォーマーズ」という制度を立ち上げ、TRSのコア・ビジョンである「真に比類なき顧客サービス」を実現した者には報奨を与えることにした。

これらインセンティブの効果はすぐに表れ、新市場の開拓、新商品や新サービスの開発に結びついた。国外においてTRSのプレゼンスは飛躍的に高まり、八八年時点でアメックス・カードは二九通貨に対応していた（一〇年前には、わずか一一通貨だった）。また、それまではほとんど注目されていなかった二つの市場セグメント、すなわち「学生」と「女性」を積極的に開拓するようになった。

八一年には、法人顧客向けに出張費のチェックと管理ができる統合システムを提供するために、TRSはクレジット・カードと旅行サービスを統合した。また八八年時点で、アメックスは全米五位の通信販売会社へ成長していた。

〈ショッピング・プロテクション〉（アメックス・カードで購入した商品がすべて、九〇日間保証されるサービス）や〈プラチナ・カード〉、〈オプティマ〉というリボルビング払いができるクレジット・カードなど、新しい商品やサービスも生まれた。八八年には、利用明細書の作成にイメージ・プロセッシング技術（画像をデジタル・データに変換・処理する技術）を導入し、利便性の高い月決め計算書を顧客に提供すると同時に、これら請求業務のコストを二五パーセント削減した。

こうしたイノベーションの結果、TRSの純利益は七八年から八七年にかけて、何と五〇〇パーセント（つまり年平均一八パーセント成長）も増加した。これは、いわゆるハイテク／高成長企業の多くをしのぐ成長率である。また、八八年のROE（株主資本利益率）二八パーセントも、大部分の低成長／高収益企業の実績をしのいでいる。

一体化：イーストマン・コダックのチャック・トローブリッジとボブ・クランダル

イーストマン・コダックが複写機事業に参入したのは一九七〇年代初頭だが、平均単価約六万ドルという最先端技術を用いた機種に特化していた。この事業はその後一〇年間で、一〇億ドル近い売上げを稼ぐまでに成長した。

とはいえ、高コストで、利益はスズメの涙程度しかなく、ほとんど何もかもが問題であった。八四年には、在庫の評価損四〇〇〇万ドルを計上しなければならなかった。さまざまな問題が存在していることについて、社員の大半が承知していたが、その解決策となると意見はばらばらであった。

八四年に新設されたコピー・プロダクツ・グループのゼネラル・マネジャーに就任したチャック・トローブリッジはその最初の二カ月で、同グループのキーパーソンのほぼ全員と、そして複写機事業にとって重要な、社内じゅうの人物と面談した。なかでも特に重要だったのが、ボブ・クランダルが率いるエンジニアリング・アンド・マニュファクチャリング部門であった。

トローブリッジとクランダルが描いた同部門のビジョンは、「世界一流の製造能力を実現し、官僚主義を排した分権組織をつくる」という、いたって単純なものだった。とはいえ、このようなメッセージを伝えるのは一筋縄ではいかなかった。コピー・プロダクツ・グループはもとより、コダックのほぼ全組織にとって、従来のコミュニケーション方法とはまったくの別物だったからである。

新たな方向性を打ち出し、そこに向けて社員たちを一つにまとめるために、クランダルはさまざまな手段を講じた。たとえば、直属の部下一二人との週次ミーティング、コピー・プロダクツ・グループのメンバーが交替でクランダルとグループ会議をする「コピー・プロダクツ・フォーラム」、直近の業務改善や新規プロジェクトの成果を高める議論の場、各マネジャーが担当チームの全メンバーを集めて四半期に一度開催する「ステート・オブ・ザ・デパートメント」（部門の現状を報告する会議）などである。

このほか、クランダルと直属の部下全員は、グループ内のいくつかの部門から八〇〜一〇〇人を集め、彼らが望んでいることについて、月一度議論することにした。また、コピー・プロダクツ・グループにとって最大のサプライヤーである装置部門——この事業部は、複写機の設計・製造に必要な部品の三分の一を供給していた——と足並みをそろえるため、クランダルとそのマネジメント・チームは、同事業部のマネジメント・チームと毎週木曜日に定例昼食会を開いた。

彼はその後、「ビジネス・ミーティング」というやり方を編み出したが、これは、コピー・プロダクツ・グループのマネジャーたちが、在庫や基本スケジュールなど特定のテーマについて、社員一二〜二〇人と会議を持つというものである。最終目的は、一五〇〇人いるコピー・プロダクツ・グループのメンバー全員を、これらの集中ミーティングに最低年一回参加させることである。

トローブリッジとクランダルは、自分たちの考えを文書にまとめ、社員たちに伝えたりもした。四〜八ページの『コピー・プロダクツ・ジャーナル』が毎月、社員たちの元に届けられた。また『ダイアローグ・レターズ』では、社員たちがクランダルら上層部に匿名で質問できる場を提供し、必ず回答することを約束した。

何より目に見えて効果を発揮したコミュニケーション・ツールは、チャートであった。社員食堂（カフェテリア）近くの廊下には、だれの目にもわかるように大きく書かれた表やグラフを用いて、各製品の品質やコスト、納入実績について、かなりハードルの高い目標と対比しながら掲示した。これらのチャートはまた、普通サイズにコピーされ、製造部門全体に配付された。それを見れば、作業グループ別の品質水準と生産量が一目瞭然である。

皆を一つにまとめるために、以上のような施策を集中的に講じたところ、半年後には成果が表れ、一年後にはよりいっそう顕著になった。これらが奏功したことで、二人のメッセージの信頼性は高まり、皆以前に増して仕事に打ち込むようになった。

主力製品の一つでは、八四年から八八年にかけて、その品質が一〇〇倍近くも向上し、単位当たり欠陥数は三〇から〇・三に減少した。別の製品ラインでは、三年間でコストが二四パーセント近く低下した。納期遵守率は、八五年の八二パーセントから八七年の九五パーセントへと改善した。生産量が増えたにもかかわらず、在庫水準は八四～八八年で五〇パーセント以上減少した。そして生産性（作業員一人当たりの生産量）も、八五～八八年で二倍以上の伸びを見せた。

動機づけ：プロクター・アンド・ギャンブルのリチャード・ニコローシ

一九五六年の設立から約二〇年間、プロクター・アンド・ギャンブル（P&G）の紙製品部門は、その品質の高い消費財を手頃な価格で広く販売してきたが、競争にさらされたことはほとんどなかった。

しかし七〇年代後半には、その市場ポジションは変わっていた。新たな競争により、P&Gは大きな打撃を被った。たとえば、業界アナリストの推定によると、同社の紙オムツの市場シェアは、七〇年代半ばには七五パーセントあったが、八四年には五二パーセントまで落ち込んだという。

その八四年、リチャード・ニコローシ――それまでの三年間、事業規模は比較的小さいが、変化はより激しい清涼飲料事業に携わっていた――が、紙製品事業部のアソシエート・ゼネラル・マネジャーに就任した。彼がそこで見たのは、ひどく官僚的で中央集権的な組織であり、職務上の目標や社内プロジェクトしか眼中にないようだった。顧客に関する情報はほとんどすべて、きわめて定量的な市場調査によるものだった。技術部門はコストを削減すれば評価され、営業部門は販売量と市場シェアばかり重視し、両者は一触即発の状態だった。

その年の夏の終わり、P&G経営陣は、一〇月付でニコローシが紙製品事業部の事業部長に就任することを発表した。実のところ、八月時点で、彼が実質的に同事業部を運営するようになっていた。ニコローシはすぐさま、低コスト生産に努力を傾ける代わりに、より創造的で市場主導型の部門になる必要性を訴えた。後に、こう述懐している。「皆にはっきり伝える必要がありました。競争のルールが変わってしまったということを」

この新しい方向性には、チームワークを重視すること、だれもがリーダーシップを発揮することなどが含まれていた。ニコローシは、事業部や特定製品を管理するために、グループを活用する戦略を推し進めた。

一〇月になると、ニコローシと彼のチームは、自分たちを紙製品事業部の「取締役会」に任命し、会議を月一度、後に毎週開くようになった。一一月には、主要ブランド・グループ（紙オムツ、ティッシュ・ペーパー、紙タオルなど）の管理する「カテゴリー・チーム」を立ち上げ、それぞれのチームに権限と責任の委譲を開始した。ニコローシは力を込めて、「のんびりしていてはいけない。いっきに行くぞ」と訴えた。

一二月には、彼は特定の活動を選び、その細部まで関与するようになった。たとえば、広告代理店との会議に出席し、クリエイティブ分野の主要メンバーとの面識を得た。紙オムツのマーケティング・マネジャーには、階層を飛ばして自分に直接報告するように指示した。

また、新製品開発プロジェクトのメンバーたちと話す機会を増やした。

翌八五年一月、先の疑似取締役会は、カテゴリー・チーム、新ブランドのビジネス・チームなどを含む、新たな組織編成を発表した。また春までに、できる限り多くの人たちに紙製品事業部の新ビジョンを伝え、皆をやる気にさせるイベントを企画できるよう、その準備に取りかかった。

そして六月四日、シンシナティで働く紙製品事業部のメンバー、これに同地区の営業マネジャーや工場長らを加えた総勢数千人が、地元のフリーメーソンの教会で一堂に会した。そしてニコローシと疑似取締役会の面々は、「私たち一人ひとりがリーダー」（"Each of Us Is a Leader"）という組織の新ビジョンについて説明した。このイベントは、だれでも観られるようにビデオに録画・編集され、すべての営業所と工場に配付された。

これらの活動により、起業家精神あふれる事業環境が生まれ、大勢の社員がビジョンの実現に向けて努力を傾けるようになった。

新製品開発の担当者たちは、数々のイノベーションを生み出した。八五年二月に発売された〈ウルトラ・パンパース〉は、〈パンパース〉全体の市場シェアを四〇パーセントから五八パーセントに押し上げ、収益性も収支トントンからプラスになった。また八七年五月、一晩つけていても尿漏れしない紙オムツ〈ラブス・デラックス〉が上市されると、〈ラブス〉

ブランド全体の市場シェアは数カ月で一・五倍になった。

社員による取り組みには、ある職能に焦点を合わせたものもあれば、末端の社員から出されたアイデアによるものもあった。八六年春、この新しい企業文化に触発されて、同事業部の秘書たちが連携を深める取り組みを始めた。そこでは、いくつかの小委員会が設けられ、それぞれ、研修、評価と報奨、「秘書の将来像」といったテーマに取り組んだ。紙製品事業部の秘書の一人は、同僚たちの気持ちを代弁して、こう語っている。「事業部の進むべき道がはっきりしたのですから、私たちもそれに力を尽くしたいのです」

八八年の終わりには、紙製品事業部の売上げは、四年前に比べて四〇パーセント増、利益は六八パーセント増となっていた。しかも、競争が激化し続けるなかで達成されたのである。

第2章

企業変革の落とし穴

Leading Change: Why Transformation Efforts Fail

Leading Change: Why Transformation Efforts Fail
HBR, March-April 1995.
初出「企業変革　8つの落とし穴」を新訳・改題
『ダイヤモンド・ハーバード・ビジネス』1995年7月号

一〇〇を超える変革事例からの教訓

私はここ一〇年間、より競争力の強い企業に生まれ変わろうとする一〇〇以上の企業を注目し続けてきた。

そのなかには、大企業（フォード・モーター）もあれば、中小企業（ランドマーク・コミュニケーションズ）もあり、アメリカ企業（ゼネラルモーターズ）もあれば、他国の企業（ブリティッシュ・エアウェイズ）もある。また、倒産寸前の企業（イースタン航空）がある一方、高収益を上げている企業（ブリストル・マイヤーズスクイブ）もあった。

変革の呼び名も企業によってまちまちであった。「TQM」（トータル・クオリティ・マネジメント）、「リエンジニアリング」「リストラクチャリング」「組織再編」「組織風土改革」「企業再建」などである。ただし、その基本目標はほとんどにおいて共通している。すなわち「厳しさを増しつつある新しい競争環境に対応するために、ビジネスのやり方を抜本的に改革する」ことにほかならない。

このような企業変革を見事成功させた企業はごくわずかしかない。とはいえ、何の前進もなくまったくの失敗に終わってしまったという企業も少ない。つまり、ほとんどのケースが成功と失敗の中間にあるのだが、どれくらいの成功を収めたかと問えば、失敗に近い企業がほとんどである。

これらの事例から得られた二つの教訓はまことに興味深い。今後の一〇年間、競争の激化が予想されるビジネス環境において、多くの企業の参考となろう。

●変革プロセスはいくつかの段階を踏まなければならない（**図表2**「企業変革の八段階」を参照）。そして通常、最後までたどり着くには相当の時間がかかる。とはいえ、途中一部を省略してしまうと、「スピードアップできた」と錯覚することがあるが、けっして満足のいく成果を上げることはできない。

●どの段階であれ、致命的なミスを犯してしまうと、変革運動はその勢いが削がれる。これまでの成果は台無しとなり、決定的なダメージを被りかねない。ビジネス史において企業変革の経験は十分に蓄積されていないためか、非常に有能な人物であっても少なくとも一回は大きなミスを犯してしまう。

図表**2**▶企業変革の8段階

1 緊急課題であるという認識の徹底
- 市場分析を実施し、競合状態を把握する。
- 現在の危機的状況、今後表面化しうる問題、大きなチャンスを認識し、議論する。

▼

2 強力な推進チームの結成
- 変革プログラムを率いる力のあるグループを結成する。
- 一つのチームとして活動するように促す。

▼

3 ビジョンの策定
- 変革プログラムの方向性を示すビジョンや戦略を策定する。
- 策定したビジョン実現のための戦略を立てる。

▼

4 ビジョンの伝達
- あらゆる手段を利用し、新しいビジョンや戦略を伝達する。
- 推進チームが手本となり新しい行動様式を伝授する。

▼

5 社員のビジョン実現へのサポート
- 変革に立ちはだかる障害物を排除する。
- ビジョンの根本を揺るがすような制度や組織を変更する。
- リスクを恐れず、伝統にとらわれない考え方や行動を奨励する。

▼

6 短期的成果を上げるための計画策定・実行
- 目に見える業績改善計画を策定する。
- 改善を実現する。
- 改善に貢献した社員を表彰し、報奨を支給する。

▼

7 改善成果の定着とさらなる変革の実現
- 勝ち得た信頼を利用し、ビジョンに沿わない制度、組織、政策を改める。
- ビジョンを実現できる社員を採用し、昇進させ、育成する。
- 新しいプロジェクト、テーマやメンバーにより改革プロセスを再活性化する。

▼

8 新しいアプローチを根づかせる
- 新しい行動様式と企業全体の成功の因果関係を明確にする。
- 新しいリーダーシップの育成と引き継ぎの方法を確立する。

第一ステップの落とし穴

「変革は緊急課題である」ことが全社に徹底されない

変革を成功させるには、まず個人、あるいは社内グループが自社の競合状態、市場シェア、技術トレンド、財務状態などを徹底的に検討することから始めなければならない。たとえば、自社の屋台骨を支える特許が期限切れとなった場合に予想される売上げの落ち込みはどれくらいか、コア事業の最近五年間の利益は減少傾向にないか、あるいは、まだだれも目をつけていない新市場は存在するのかなどである。

次に、これらの情報、特に直面している危機、潜在的な危機、あるいは、タイムリーで大規模なビジネスチャンスなどについて、広範かつ効果的に社内に浸透させる方法を考える。この最初のステップは必要不可欠である。というのも、変革プログラムを立ち上げるだけでも、多くの社員の積極的な協力を必要とするからである。モチベーションのないところに協力は生まれてこない。これではせっかくの努力も水の泡になってしまう。

第二段階以降のステップと比較すると、第一ステップは案外簡単にできそうに思えるかもしれない。しかし、けっしてそうではない。私がこれまで見てきた企業だけでも、この段階でつまずいてしまうケースが過半数を占める。

その失敗の原因は何だろう。従来の幸せな職場環境から社員たちを引きずり出すのは、いかに骨が折れるものか、経営陣が十分に認識していなかったケースもあれば、「変革は喫緊の経営課題である」という認識はすでに社員の間に十分浸透していると高をくくっていたケースもある。あるいは「いい加減、もう準備はいいだろう。さっさと先へ進もう」といった具合に、辛抱に欠ける企業もあった。こんなケースも多い。経営陣がこのステップのマイナス要素ばかりに目が行ってしまい、尻込みし始めたのである。たとえば「中高年の社員は受け入れてくれないだろう」「士気が下がるのではないか」「収拾のつかない事態に陥るかもしれない」「短期的には業績が落ち込む」「株価が下がってしまうかもしれない」「危機をもたらした張本人として自分たちがやり玉に挙げられるに違いない」といった具合なのだ。

経営陣がすくみ上がってしまうのは、たいていの場合、その多くは「管理者」であり、「指導者」と呼べる人材ではないことに起因している。

管理者の使命は、リスクを最小化し、既存制度をうまく機能させながら維持することである。一方、変革を推し進めるには、新たな制度をつくり出さなければならず、当然強力なリーダーシップは必須である。真のリーダー人材を社内登用するか、もしくは外部から連れてこない限り、変革の第一段階はうまくいかない。

リーダーシップに長け、大規模な変革の必要性を認識している人物を新しいトップに迎えることができれば、変革プログラムは始動し、しかもうまく立ち上がる場合が多い。したがって、全社改革を成し遂げるにはCEOがカギとなる。また、特定部門を変革するには、その長が要となる。このキーパーソンが、新しいリーダーでもなく、優秀なリーダーでもなく、あるいは過去に変革を成功させた者でもないという場合、第一段階は非常に困難なものとなろう。

第一段階において「業績が悪い」という事実は良し悪しといえる。よい面としては、赤字であれば社員の注意を変革に向けさせやすいという点が挙げられる。ただしその際、選択できる戦略の範囲は狭められる。逆に、業績が好調であれば、変革の必要性を社員に納得させるのに苦労するが、変革に注ぎ込める資金は潤沢である。

変革のキックオフが、好業績の時にせよ、業績不振の時にせよ、成功事例には共通点がある。それは変革推進チームのメンバーたちが、不愉快な事実、すなわち、新たなライバルの登場、利益率の悪化、市場シェアの縮小、売上げの伸び悩み、売上成長率の鈍化など、競争力の低下といったさまざまな業績指標について、いつでも忌憚なく議論できるよう配慮していたということである。

にもかかわらず、悪いニュースを持ってくる人物を目の敵にするというのは人類共通の性癖なのだろうか。経営陣、ことに部門の長が過去に変革を指揮した経験がない場合、歓迎できない情報の伝達は社外の人間に任せていることが多い。ウォールストリートのアナリスト、顧客、あるいはコンサルタントなどは、いずれもこのような役割にはもってこいである。ヨーロッパの某大企業で以前CEOを務めていた人物の言葉を借りれば、とにかく肝心なのは「未開拓の領域に踏み込むよりも、現状を維持することのほうが危険は多い」と認識させることに尽きる。

変革の成功例の一つに、社内グループが危機を意図的に演出していたケースがあった。たとえば、あるCEOは創業以来の大赤字を計画的に計上した。これによって、ウォールストリートに「変革は避けられない」という圧力をかけさせたのである。また、ある部門長の場合、惨憺たる結果は承知のうえで、初の顧客満足度調査を実施し、その結果を公表した。表面的には、このような戦術は危険極まりないものと映るだろう。しかし、安全策を講じたところで依然危機は存在している。危機意識が十分に浸透しなければ、変革の成功は望むべくもなく、企業の将来は長期的にも危険なままである。

では、危機意識がどのくらい浸透していれば十分といえるのだろうか。私の経験では、経営幹部の七五パーセント程度が「従来のままビジネスを進めていては絶対にだめである」と本気で考えている必要があるだろう。この数字が七五パーセント以下では、変革プロセスの後半において、非常に深刻な問題が起きる可能性が高い。

第二ステップの落とし穴

変革推進チームのリーダーシップが不十分である

大がかりな変革プログラムでも、当初は一人か二人の体制でスタートすることが多い。成功例を見ると、その体制は時間が経つにつれて徐々に大規模な変革推進チームへと発展していく。ただし、変革の初期段階で最低限の人数がそろわない場合だと、その後に見るべき進展はない。トップが積極的にサポートしない限り、大規模な変革は実現しえないとよくいわれるが、ここで私が言わんとしているのは、そんな程度の話ではない。変革が成功する時は、会長に社長、あるいは本部長に加え、五人、一五人、あるいは、五〇人の社員が団結し、改革を通じて最高の業績を実現することを誓い合っているものだ。

ところで私の経験では、この変革推進チームに執行役員全員が参加していた例を知らない。というのは、少なくとも初めのうちは、彼らのなかに変革に賛同しない者が何人かいるからである。ただし、ほとんどの成功例において、その変革推進チームは相当強力なメンバーで構成されており、メンバーの職位、情報量、専門知識、評判や人間関係などは申し分ない。

組織の大小を問わず、変革プログラムが一年目くらいでは、変革推進チームの陣容はせいぜい三〜五人足らずである。ただし、第三段階以降で長足の進歩を遂げるには、大企業の場合、二〇〜五〇人程度に増員されている必要がある。グループの中心人物はだいたいシニア・マネジャーであるが、取締役、主要取引先の代表者、または影響力のある労働組合の執行委員まで加わっているケースもある。

変革推進チームには執行役員ではないメンバーもいるため、当然、通常の組織階層や命令系統を超えて活動することになる。ぎこちなく感じるかもしれないが、これが欠かせない。もし既存の組織階層でうまく機能しているならば、そもそも大規模な変革など必要ない。現行システムに問題があるからこそ、組織内の境界線、常識、慣習といったものを無視した活動が要求されているのである。

経営陣が変革の緊急性を十分認識していれば、変革推進チームの結成はたやすい。もちろんそれだけでは不十分である。だれかが音頭を取ってチーム・メンバーをまとめ、自社の問題点やビジネスチャンスに関する認識を共有させ、必要最低限の信頼関係とコミュニケーションを築き上げなければならない。その際の常套手段は、会社から離れた場所で二、三日、合宿形式のミーティングを開くことである。五〜三五人までの幹部たちを、数カ月に何度かこのような合宿に参加させている例は数多い。

第二段階で失敗する企業の場合、変化を生み出す難しさをあなどっているため、強力な変革推進チームの重要性を見くびっていることが多い。また、経営陣にチームワークの経験が乏しいため、チームの重要性が軽視されていることもある。あるいは、要となる当該事業部門の長ではなく、人事部や品質管理部、経営企画部などのスタッフ部門の幹部がチームを率いてしまっている場合もある。その人がどれほどの逸材であり、いかに献身的であっても、当該部門からリーダーが出ない限り、グループが十二分の力を発揮することはありえない。

変革推進チームにリーダーシップが欠けていても、当座のところ、変革プログラムは進展を見せるものだ。しかし遅かれ早かれ、変革プログラムに抵抗する機運が高まり、頓挫してしまうことだろう。

第三ステップの落とし穴

ビジョンが見えない

これまで私が見てきた変革に成功した企業では、例外なく変革推進チームが、顧客や株主、社員に説明しやすく、かつアピールしやすい未来図を描いていた。ビジョンとは、五カ年計画のような数字が羅列したものではなく、自社が進むべき方向性を明確に指し示したものである。その草案は、一人の社員が書く場合もあり、少なくとも初めはやや漠然とした内容であるのが普通である。とはいえ、三カ月、五カ月、一年と作業を進めるうちに、変革推進チームによる熟考に熟考を重ねた分析と理想が反映され、素晴らしいできばえのものになる。最終的には、そのビジョンを実現する戦略も策定される。

ヨーロッパのある中規模企業では、最終的にできあがったビジョンに提示されたコンセプトのうち、その三分の二が草案に盛り込まれていたものだった。この草案には、まず「国際化」というコンセプトが描かれており、また「特定分野でトップになる」という方向性も含まれていた。しかし「低付加価値事業からは撤退する」という方針については、数カ月にわたって議論を重ねて初めて打ち出されたものだった。そして、それが最終案の中核の一部を成すものとなった。

当意即妙なビジョンに欠けた変革プログラムは、紛らわしく、矛盾するプロジェクトが乱立しがちであり、その結果、誤った方向へ組織を導いたり、やみくもに直進させたりといったはめになりかねない。確固たるビジョンが描かれていないと、経理部のリエンジニアリング・プロジェクトも、人事部の新しい多面評価システムも、工場の品質管理プログラムも、営業部門の組織風土改革プロジェクトも、全社的な結果へと結実しない。

変革の失敗例を見ると、たいてい計画や方針、プログラムといった類が羅列されており、肝心のビジョンが欠けている。ある企業では、厚さ一〇センチにも及ぶ変革プログラム・マニュアルを社員に配付していた。気が遠くなるようなこの分厚い冊子のページをめくると、今後の手順、目標、方法、最終期限などについてこと細かく記載してあったが、このプログラムが導く先が何であるかについて明確かつ説得力あふれる記述はいっさい見当たらなかった。

当然のことながら、私が話を聞いた社員のほとんどが戸惑い、もしくは冷ややかな目で静観していた。この大仰なマニュアルは、彼らを結束させることも、変革を成し遂げようというやる気を引き出すこともなかった。それどころか、まったく逆の効果をもたらしてしまったのである。

また、経営陣がどの方向に進むべきか感覚的にわかっていても、それが錯綜していたり、あまりに曖昧だったりする場合もある。私が見てきた限り、そのようなケースでもさしたる成功は望めなかった。先日、ある中堅企業のある役員に「あなたはどのようなビジョンを持っているのか」と尋ねたところ、要領を得ない講義を三〇分も拝聴することになった。そこには、たしかに立派なビジョンの基本要素がないわけではなかったが、奥深く埋もれてしまっていた。

一つの目安を示したい。五分以内でビジョンを他の人に説明できない、あるいは相手から理解と関心を示す反応が得られないのであれば、変革プロセスの第三段階を完了したとはいえないのである。

第四ステップの落とし穴
社内コミュニケーションが絶対的に不足している

社内コミュニケーションの落とし穴については、次の三パターンがよく散見される。どれもありふれたものばかりである。

❶変革推進チームが優れた変革ビジョンを作成したものの、たった一度説明会を開いただけ、あるいはたった一通の文書を配付しただけで、その内容を社員に伝え終えたとしてしまう。年間の社内コミュニケーション量から見れば、ほんの〇・〇〇〇一パーセントだけしか時間を費やしていない。にもかかわらず、新しい方針を理解している社員がほとんどいないことを知って変革推進チームは愕然としてしまう。

❷トップがそれ相応の時間を割いて社員に説明したつもりだったが、ほとんどが理解できていない。この場合も、ビジョンの説明に年間の社内コミュニケーション量のせいぜい〇・

〇〇〇五パーセントしか費やしていないのだから、当然と言えば当然である。

❸社内報や説明会といった形でも、❶や❷以上の努力を傾けているが、有力役員の何人かが新しいビジョンと正反対の態度を取り続けている。その結果、社員たちの気持ちは次第に冷め始め、伝えられた内容にも疑心暗鬼が強まっていく。

何百、何千という人々が――多くの場合、短期間犠牲を払ってでも――すすんで協力してくれない限り、変革は不可能である。仮に社員が現状に満足していなくとも、変革は成功すると確信できない限り、みずから犠牲を払おうとはしない。信頼に足る十分なコミュニケーションなくして、彼ら彼女らの心や関心を集めることなどけっしてできない。

短期的な犠牲の中身が「人員削減」となると、第四段階は困難を極めることだろう。リストラがビジョンに含まれている場合、ビジョンへの理解や支持を得るのは難しい。それゆえ、ビジョンを実現させるには、新たな成長の可能性を示唆すると同時に、解雇される社員全員にしかるべき待遇を確約することを謳うべきである。

コミュニケーション力に長けた執行役員の場合、日常業務のあらゆる面でビジョンに関するメッセージを巧みに織り込む。たとえば、業務上の問題に関する解決策が定例会議に諮られた際などは、全社のビジネス・システムに適合するのか否かについて話す。また通常の人事考課の場面でも、その社員の行動がビジョンに貢献するのか、逆に不適当なのかについて説明する。ある部門の四半期の業績を検討する際も、ただ数字を追うだけでなく、その部門のマネジャーたちがいかに変革に貢献しているかに触れる。さらに、社内説明会などの質疑応答の場にでも、変革の目標に関連づけながら、社員からの質問に答える。

成功した変革運動を見てみると、ビジョンを広く知らしめるため、執行役員はありとあらゆるコミュニケーション手段を活用していた。たとえば、退屈でだれも読まなかった社内報をビジョンに関する記事だらけにしてリニューアルする。あるいは、形式的で時間ばかりかかっていた役員会議を、変革について意見を交わす議論の場へ改める。従来の管理者研修を思い切って廃止し、その代わりに業務上の課題や新しいビジョンを主眼にした研修に変更する。この場合における基本原則はいたってシンプルである。つまり、思いつく限りのコミュニケーション手段を利用すること、それもさして重要視されていなかった情報メディアを活性化させることである。

さらに重要なことは、大規模な変革を成功させた企業の場合、執行役員たちが「歩く広告塔」となっていたことである。彼らは新しい企業文化のシンボルになろうと意識的に努めていた。これは生やさしいことではない。六〇歳になる一人の工場長について考えてみよう。それまでの四〇年間、顧客のことなど脳裏をかすめた経験など微塵もないのに、突然「顧客重視で行動せよ」と求めても土台無理な話である。しかし、そのような人が変わるさまを私はこの目で見た。それも劇的な変わり方であった。

この場合、事態が切迫していたことが好都合となった。くわえて、彼も変革推進チームの一員であり、またビジョン作成チームの一員であったことも幸いした。望ましい行動が何であるのか、あらゆるコミュニケーション手段を用いて伝えられたこともプラスに作用した。同僚や部下からのフィードバックのおかげで、みずからの行動がビジョンにふさわしくない場合などは、そのことに気づくこともできた。

コミュニケーションは言葉と行動の両方が必要であり、特に行動は最も説得力あふれる手段となる。要するに、自分の言葉とは裏腹な行動を取る経営幹部こそ、変革を潰してしまう元凶なのである。

第五ステップの落とし穴

ビジョンの障害を放置してしまう

変革プログラムが成功に向かいつつある場合、段階が進むにつれて社員たちを巻き込み始める。社員たちはプログラムに勇気づけられ、みずから新しいアイデアを思いついたり、リーダーシップを発揮したりするようになる。こうした行動は、ビジョンが指し示す方針から大きく外れてさえいなければ問題はない。それに、大勢の人が参加すればするほど成果は大きくなる。

変革推進チームが新たな方針を効果的に伝えられれば、ある程度は社員たちに新しい行動を起こさせることが可能である。しかし、コミュニケーションだけで事足りるわけではない。イノベーションを現実化させるには、障害を取り除くことも不可欠なのだ。これはよくあることだが、ある社員が新しいビジョンを理解し、その実現に協力しようと思い立ったとしよう。しかし、その行く手には巨象が立ちはだかる。その象は、その当人の頭のなかにしか存在しないこともあり、この場合、障害と思えるものが実は幻であることを当人に納得させることが課題となる。

最も多いのは、障害物は実際に存在しているケースである。たとえば、組織構造が障害となる場合もある。職務規定が細分化されているため、生産性を向上させようという意欲が湧かなかったり、顧客について考えることすら難しかったりする時がある。また、成功報酬制や勤務査定制度があるために、新しいビジョンよりも、個人の利益を優先してしまうケースもある。

ただし最もやっかいなのは、変革を拒み、全社の動きとはそぐわない要求を突きつけてくる管理職である。

ある企業では、社内広報を十分に展開したうえで変革プロセスを開始し、第四段階までは順調に進めてきた。ところが、同社最大の事業部を統括する執行役員がすべてを振り出しに戻すような行動を取ったために、変革は見事に覆されてしまった。彼は口では変革に賛成していたが、みずからの行動を改めたり、部下の意識を変えようとしたりはしなかった。また、ビジョンが求めるような斬新なアイデアが提示されても、その発案者に報いることもなかった。明らかに人事制度が新ビジョンと齟齬を来たしているにもかかわらず、改定することはなかった。

彼の心境は複雑なものだったことは想像にかたくない。自社がこれほどまで大規模な変革を必要としているとは思っていなかったばかりか、変革一つひとつがみずからを脅かしていると感じていたことだろう。また、変革を推し進める一方、予算上の営業利益を達成するなど土台無理な話だとも思っていたはずである。

他の執行役員たちは改革推進派であったにもかかわらず、彼がボトルネックとなっていることに、何ら手立てを講じようとはしなかった。この原因もやはり複雑だった。この企業は過去このような難題に直面したことがなかったばかりか、なかには当の執行役員を恐れている者もいた。CEO自身も優秀な役員を失うことになるのではないかと危惧していた。

結末は悲惨であった。現場のマネジャーたちは、経営陣たちの意気込みは偽物だったと結論づけ、冷ややかな見方が社内に蔓延し、変革プログラムのすべては崩壊してしまった。

どんな組織でも、変革プロセスの前半では、すべての障害を排除するだけの勢いもエネルギーも、そして時間すら持ち合わせていない。それでも、重大な障害と対峙し、これを取り除かなければならない。それが人間の場合でも、泣いて馬謖を切らなければならないこともある。ただし、その処分についても新しいビジョンに沿って公明正大に実施することが肝要である。しかし、処分という行動をためらってはいけない。社員のやる気を引き起こし、変革プログラムへの信頼を維持するためには是が非でも必要だからである。

第六ステップの落とし穴
計画的な短期的成果の欠如

変革が本物になるには時間がかかる。したがって、達成可能な短期目標を設定しておかないと、変革の勢いを失速させかねない。このまま行けば期待通りの成果が得られると確信できる証拠を、一、二年の間に確認できなければ、ほとんどの人が遠い道程を歩き続けようとはしない。短期間で何らかの成果を上げられない場合、多くの人は投げ出したり、抵抗勢力についてしまったりする。

変革が順調に進んでいる場合、一年もしくは二年で品質に関する指標が向上し始め、最終利益の減少にも歯止めがかかる。新製品が成功することもあれば、市場シェアが拡大することもある。あるいは、生産性が格段に向上したり、顧客満足度が上昇したりするかもしれない。どのようなケースであれ、成果は目に見えて明らかなものであり、変革の反対派にあざけられるような主観的なものでもない。

短期的に成果を上げることと、短期間で成果を上げたいと願うことは別物である。後者は受動的であり、前者は能動的である。順調に進んだ変革を見ると、経営陣は業績が明らかに改善しうる手段を積極的に模索し、年度計画に目標を設定し、その目標の達成に貢献した社員を表彰したり、昇格させたり、また報奨を与えたりする。

一例を紹介しよう。アメリカの某メーカーでは、変革プログラムを開始した二〇カ月ほどで、変革推進チームの発表した新製品が大成功を収めた。この新製品は、プログラムのスタートから六カ月経った時点で、複数の基準をクリアしていたため発売が決まったのである。その基準とは、比較的短期間に設計可能であり、市場に投入できること、新しいビジョンの信奉者である少数の面々で担当できること、売上げの伸びが期待できること、製品開発チームが組織を超えて作業しても実務上の問題を生じないことなどであった。つまり、これは計算ずくの計画だったのである。そしてこの成果によって変革プログラムの信頼性はいっきに高まった。

短期的な成果を求められ、不平を漏らすマネジャーも多い。とはいえ、変革を推進するうえでは、このようなプレッシャーがプラスに働くことがある。というのも、「大規模な変革は時間がかかる」ことが社員の間に広がると、変革が喫緊の課題であるという事実がなおざりにされやすい。そこで、短期的な成果を出すという責務を課すことで、緊急性を常に意識しつつも、ビジョンに磨きをかける努力が後押しされるのである。

第七ステップの落とし穴
早すぎる勝利宣言

経営者とすれば、数年にわたって懸命に努力した末、業績が改善したとだれもが認める段階が訪れれば、勝利宣言を発したいという衝動に駆られるのも無理からぬことである。個々の成果を祝うのは結構だが、この段階で勝利を宣言してしまうと、いままでの努力が台無しになりかねない。さまざまな変化が企業文化に定着するには、少なくとも五～一〇年は必要であり、そこに至るまでは新しいアプローチというものはもろく、後退の可能性をはらんでいる。

つい最近、私は「リエンジニアリング」というテーマの下に実行された一二社の変革プロセスについて観察してみた。このうち実に一〇社で、開始して二、三年後、最初の大プロジェクトが完了した時点で勝利宣言が出されていた。コンサルタントたちには、ねぎらいの言葉とともに高額な報酬が支払われた。しかし、変革プロジェクトの効果は、その後二年足らずで次第に影が薄くなっていった。一〇社のうちの二社に至っては、現在リエンジニアリングの痕跡すら見当たらないという有り様であった。

この二〇年間、大きなTQMプロジェクトや組織再編などでも同様のことが繰り返されてきた。まず、変革の初期段階から何らかの問題をはらんでいるというのが典型である。つまり、緊急性への認識不足、変革推進チームの力量不足、ぼやけたビジョンなどである。そして、せっかくの変革の勢いに水を差すのが、先走った勝利宣言である。その結果、保守勢力が主導権を奪い返してしまうのである。

皮肉なことに、変革推進派と反対派が時期尚早の勝利を一緒に祝う場面も珍しくない。推進派は進歩の兆しが目に見えたことにすっかり舞い上がってしまう。一方の反対派は変革を阻止するチャンスと見抜き、喜ぶ。祝勝会が終わると、反対者は「戦いは勝利のうちに終わったのだから、戦士諸君は自分の家に帰りなさい」と声をかける。すると、疲れ切った彼らは「自分たちは勝ったのだ」と思い込んでしまう。一度自分の家へ戻ってしまうと、彼らは再び戦艦へ乗り込もうとはなかなか思わない。ほどなく変革は座礁し、過去が再び忍び寄ってくるのだ。

優れたチェンジ・リーダーは、勝利宣言の代わりに、短期間で結果を出したことによる信頼感を追い風に、より大きな問題へと立ち向かっていく。具体的には、ビジョンから逸脱しており、これまで放置されていた制度や組織に次の狙いを定める。だれが昇進し、どんな人材が登用され、社員がどのような教育を受けているかにも着目する。また、当初のプログラムよりも範囲を広げたプロジェクトにも取り組む。彼らは、変革プロジェクトに年単位の時間が必要であることを承知しているのである。

ここで、七年間にわたったある変革の成功例について触れてみたい。変化の度合いを年度ごとに点数化し、最低は一、最高は一〇とした。初年度は二、二年目は四、三年目は三、四年目は七、五年目は八、六年目は四、七年目は二という結果となった。ピークは五年目で、それは成果が目に見える形で表れてから三年が経過した時点でもあった。

第八ステップの落とし穴
変革の成果が浸透不足

会社を人間の体に例えるならば、変革という血液が体の隅々まで行き渡るようになって、初めて変革の成果が「我々の生きざま」として定着したといえる。新しい行動様式が社内の規範や価値観として根を下ろさない限り、変革の圧力が弱まるや否や、廃れてしまう。

変革を企業風土として制度的に根づかせるには、次の二つの要素が特に重要である。

一つは、新しいアプローチや行動様式、考え方などが業績改善にどれくらい貢献しえたのか、社員に意図的にアピールしていくことである。業績改善との関連性の是非を社員任せにしてしまうと、とんでもない勘違いが起こってくることがある。

たとえば、ハリーというカリスマ的な上司の下で業績が改善した例では、社員はハリー流のやり方が功を奏したと考え、自分たちの顧客サービスの質や生産性が向上したことが成功要因だとは考えない。変革の因果関係を正しく理解させるには、やはり社内コミュニケーションが不可欠である。この点において、ある企業は驚くほど徹底していた。実際、その成果はてき面であった。同社では、経営会議で毎回時間を割いて、なぜ業績が向上したのかを話し合った。そして社内報などで、変革によってどのように売上げが向上したのか、何度も何度も報じたのである。

第二の要素は、次世代の経営陣に新しい考え方がしっかり身につくよう、十分な時間をかけることである。また、昇格の基準が変わらないままでは、変革の効力は長続きしない。実際、トップの交代人事で、誤った後継者を選んだがために、一〇年にわたる変革の努力が水の泡になってしまうことは珍しくない。

取締役会が変革プロセスに参画していない場合、誤った選択に向かってしまう可能性は大きくなる。私が見たなかでは、少なくとも三つの企業でそのような事態が起こった。変革の立役者が退任するに当たって、その後任として選ばれた人物は変革の反対者ではなかったが、変革の貢献者と呼べるほどでもなかった。取締役会は変革プロセスの細部まで理解していなかったため、自分たちの選択が正しくなかったことに気づかなかったのである。

また、退職する執行役員が変革を熟知している人物を後継者に推したという例もあれば、経験が浅いという理由で他の役員を説得し切れなかったという例もあった。さらに別の二社では、よもや変革を中止するとは思わずに、取締役会が推す人物を後継者として考えもなく受け入れたCEOもいた。しかし、彼らの判断は間違っていた。二年も経たないうちに、どちらの企業でも変革の兆候は消え始めていた。

変革における落とし穴は、これら以外にもたくさんあるが、ここで挙げた八つはとりわけ無視できないものである。このような限られた紙幅では、すべて単純すぎる印象が残るかもしれない。事実、成功例にしてもその変革プロセスとは混乱極まる、驚きの連続である。

しかし、変革を成功させるべく人々を駆り立てるには単純明快なビジョンが必要であり、そのようなビジョンを掲げることができれば、その過程でミスを犯す確率を減らせるはずだ。どれだけミスを減らすことができるか、これが変革の成否を分けるカギにほかならない。

第3章

変革への抵抗にどう対応するか

Choosing Strategies for Change

Choosing Strategies for Change
HBR, March-April 1979.
レオナルド A . シュレジンガー（Leonard A. Schlesinger）との共著論文。
初出「人はなぜ組織変更に抵抗するのか」を改題
『ダイヤモンド・ハーバード・ビジネス』1979年10月号

変革への難問

「新しい体制を導入することは、最も実現が難しく、最も成功確率が低く、また最もリスクが大きい仕事だと覚悟しなければならない(注1)」

一九七三年、NPOの全米産業審議会（カンファレンス・ボード）が著名な識者一三人を対象に、「今後二〇年間に予想される経営上の大きな問題は何か」と予測を聞いたことがある。そこで示された報告書に展開されていた最大の課題の一つが、「組織は外部環境の変化に適応できるのだろうか」という懸念であった。たとえば、ある識者は次のように述べた。

「要するに、今後は変化のスピードが速くなるため、より頻繁な組織改編が必要になる。しかし通常人々は組織改編を恐れる。というのも、それによって現状維持が難しくなり、自分の仕事の既得権益が脅かされ、お定まりの仕事のやり方が狂わされるからである。こうした理由で、本来必要なはずの組織改編がしばしば先延ばしされ、その結果として効率性が落ち、費用がかさむことになる(注2)」

その後の事態の推移を見れば、組織変革への懸念が当を得たものであったことがわかる。現代のマネジャーの多くは、政府による新しい規制や新製品、成長、競争の激化、技術の発展および労働力の変化といった事態に対処していかなければならない。このため、大企業の事業部や大半の企業は、中規模の組織変革を少なくとも年に一度は実施し、四、五年に一度は大きな組織変革に取り組まなければならないと考えている。(注3)

この取り組みが完全な大失敗に終わることはめったにないが、完璧な成功を収めることもまずなく、ほとんどの場合、種々の問題にぶつかることになる。たとえば、予想より時間がかかり、望ましい期間を超えてしまうことはよくあるし、時に社員の士気を下げてしまう場合もある。また、経営陣は往々にして変革の実施のために多大な時間を割かねばならないし、人々の感情的混乱という大きな犠牲を払わざるをえないこともある。変革が必要なのに、それを担うべきマネジャーが自分に変革を成功に導く能力がないことに不安を抱き、着手することすら避けてきた企業も少なくない。

ではどうすべきか。本稿ではまず、変革に抵抗が生まれるさまざまな原因を解説する。次に、組織変革を実施するための戦略と、一連の具体的手法を決定する体系的な方法を概説する。これから紹介するそれぞれの手法は、我々が変革の成功例と失敗例を数多く分析した結果に基づいている。

抵抗の原因を突き止める

組織変革の取り組みは、何らかの形で人々の抵抗を受けることが多い。一般にベテランのマネジャーはこの事実を十二分に承知しているはずなのだが、変革に着手する前に時間を割いて検証し、だれがいかなる理由で抵抗しそうかを事前に把握する人は驚くほど少ない。むしろ過去の経験を頼りに、単純な思い込みを当てはめることがあまりにも多い。「エンジニア連中は一匹狼で経営陣を信用していないから、おそらく変革に抵抗するだろう」といった具合である。このような幅の狭い見方で取り組むと、深刻な問題を引き起こすおそれがある。個人やグループが変革にどう反応するかは実にさまざまであり、直感的にすぐわかるようなものではない。正確に検証するには、慎重に考えなければならない。

もちろん、変革の影響を受けるすべての人は、何らかの感情的動揺を経験する。たとえその変化が「前向き」とか「合理的」と思えたとしても、人は何かを失うし、不安を感じるからである。(注4)それでも、さまざまな理由により、各個人やグループごとの変革に対する反応は実に多様である。消極的な反抗や積極的な妨害もあれば、真摯に受け入れようとする人もいる。

反対者の抵抗がどのような形で現れるかを予測するために、マネジャーは人が変革に抵抗する最も一般的な理由を四つ知っておく必要がある。それは、大事な何かを失いたくないという気持ち、変革とその狙いについての誤解、変革は組織にとって意味がないという信念、変革一般に対する受容性の低さ、である。

▼偏狭な利己主義

人が組織変革に抵抗する大きな理由の一つは、それによって大事なものを失うのではないかと考えるためである。このような場合、本人は組織全体の利益よりも自分自身の利害のみに目を奪われているため、抵抗は〝駆け引き〟または〝政治的行動〟という形となって表れることが多い。(注5) 以下の二つの例を考えてみてほしい。

ここ数年間急成長を遂げている企業があった。社長は、ここまでの規模になったのだから、バイス・プレジデントが直轄するスタッフ部門――「新製品企画開発部」――を新設する必要があると考えた。それまで新製品に関する意思決定権は、販売担当、技術担当および生産担当の三人のバイス・プレジデントが握っていたのだが、この組織変革によりその権限はほぼ失われることになる。この企業では新製品がとても重要であるため、変革が実施されればバイス・プレジデントたちの社内での地位とそれに伴う権力も減じてしまう。それは三人にとって大問題だった。

社長が「新製品担当バイス・プレジデント」というアイデアを公表してからの二カ月間というもの、三人のバイス・プレジデントたちはめいめい、その構想が失敗すると思われる理由を六つも七つも見つけ出してきた。そして、社長がついにこのアイデアを棚上げにするまで、バイス・プレジデントたちの反対の声は大きくなる一方だった。

あるメーカーでは、以前から製造現場の従業員に対し、カウンセラーもしくは「聴罪司祭」役として働く人事スタッフを数多く雇用していた。このカウンセラーたちは、「従業員を助ける」という自分たちの役割からプロとしての満足感を得ており、概して士気は高かった。

ところが新しい業績評価制度が導入された結果、各カウンセラーは六カ月ごとに、各従業員の「感情面の成熟度」や「昇進の可能性」等について文書で評価し、それをその従業員の上司宛てに提出することになった。

何人かのカウンセラーがすぐ看破したように、この制度はカウンセラーと従業員との関係を変化させることになる。それまでは大半の従業員の「仲間」であり「助っ人」であったカウンセラーが、むしろ「評価を与える上司」に近い立場に変わるのだ。

案の定、カウンセラーたちはこの制度に抵抗した。表では組織にとって新制度よりこれまでの制度のほうがよいと反論しつつ、裏では人事担当バイス・プレジデントに最大限の圧力をかけて新制度を大幅に変更させてしまった。


このように政治的行動が、組織変革の導入前や実施中に顕在化することがある。こうした事態は、特定の個人やグループにとっていちばん大事なことが、組織全体のそれ、または他の個人やグループのそれと一致しない時に起きる。

時には二つ以上の陣営に分かれ、人の目を意識せず徹底的に戦うこともあるが、政治的行動は普通、もっと目立たないものである。多くの場合、公の話し合いの場では表面化せず、まったく目には見えないところで進行する。

このような権力闘争は、冷酷な策略家が仕掛けることも時にはあるが、火点け役となるのはそのようなタイプの人ではない場合が多い。変革の結果自分が失うであろうものを考え、そのことで組織が自分との暗黙の契約、または心情的約束を不当に裏切ったと見なした人々が政治的行動に走るのだ。(注6)

▼誤解と不信感

変革の狙いを理解せず、自分は得るものよりも失うもののほうが多いのではないかと思った時も、やはり人々は変革に抵抗する。変革を始めようとする人物と従業員との間に信頼関係がない時、よくこのような状況が発生する。(注7)以下にその一例を示す。

アメリカ中西部のある中小企業の社長が、経営セミナーでフレックス・タイムという考え方を知り、さっそく自分の企業にも適用しようと思い立った。これにより特に事務スタッフと工場勤務の従業員の労働条件をより魅力的なものにできると考え、全従業員にフレックス・タイム制度を導入したい旨、管理職に発表した。社長にしてみれば、まさか反対に遭うなどとは夢にも思わなかった。

計画が発表されるとすぐ、工場勤務の従業員の間にさまざまな噂が流れ始めた。彼らは一人としてフレックス・タイムが本当はどのような制度であるか知らなかったが、多くは製造担当バイス・プレジデントに不信感を抱いており、とんでもない噂も生まれた。たとえば、フレックス・タイム制になるとほとんどの人が上役の命令一つでいつでも——時間外勤務や週末出勤も含めて——働かねばならなくなるだろう、というのだ。単独労組である従業員組合はさっそく会議を開き、「フレックス・タイム導入を撤回せよ」という交渉の余地のない要求を経営側に提示した。予期せぬ事態の推移に驚いた社長は承諾せざるをえなかった。

一般従業員とマネジャーとの間に強い信頼性があるという企業はほとんどない。したがって、変革の際に誤解が生じやすい。マネジャーが素早く誤解の存在に気づいてそれを解かない限り、誤解は抵抗へと発展しかねない。そのような形で抵抗が生ずると、変革の主導者はたいてい不意打ちを食わされる。特に、自分の利益になる変革にはだれも抵抗しないだろうと思い込んでいればなおさらである。

▼現状認識のずれ

人が組織変革に抵抗する時、よくある理由がもう一つある。彼ら彼女らの現状認識がマネジャーや変革の主導者の現状認識と異なるのだ。つまり、その変革によって得られるメリットよりもデメリットが大きい、しかも自分だけでなく組織全体にとってもデメリットが大きい、と見なした場合である。以下にその例を示そう。

ある中堅銀行の頭取は、その銀行のREIT(不動産投資信託)向け融資に関するスタッフの分析リポートを読んでショックを受けた。難解な分析の結果は要するに、この銀行はかなりの確率で最大で一〇〇〇万ドルにも上る損失を出すおそれがあり、しかもこの損失額は毎月二〇パーセントずつ増加しているというのだ。頭取は一週間もしないうちに、REITを取り仕切っている部門の改編プランをまとめ上げた。しかし、銀行の株価が下がることを心配した頭取は、この分析リポートを公表しないと決め、新設されたREIT担当部門のマネジャーだけにしか読ませなかった。

この組織改編はすぐさま関係者一同の激しい抵抗を受けた。彼らに共通する気持ちは、一人の発した次のせりふに示されている。「頭取は気が狂ったのか。一体全体何のために、我々の部門をめちゃくちゃにしようというのだ。おかげでもう三人も有能な人材が失われた（自己都合退職）うえに、REIT向け融資の損失縮小のために実行中の新プログラム（それを頭取は知らない）を台無しにしているではないか――」

変革を推進するマネジャーは、次の二点を当然の前提として事を進めている。一つは、自分は適切な組織分析に必要とされる情報をすべて把握しているという前提。一つは、変革で影響を被る人々も皆自分と同じ情報を共有しているという前提である。しかし、往々にして、この二つはいずれも間違っている。どちらにおいても、マネジャーと変革の影響を被る人々が把握している情報がそれぞれ違っているために、それに基づく分析結果もずれていることが多い。そして現状認識が異なれば、最後は抵抗にまで発展しかねない。

そのうえ、変革を進めるマネジャーの分析より、他の人の分析が事実に近かった場合、変革に抵抗するほうが「組織のため」になるのは明らかである。ところが、抵抗は常に悪であるとの考えがゆえに必ず抵抗と闘おうとする一部のマネジャーには、そのような可能性があることすら理解できない。(注8)

▼変革に対する受容性が低い

自分に求められる新しいスキルや行動を身につけられないかもしれないという恐れから、変革に抵抗する人もいる。だれでも自分改革の能力には限界があるが、特にその能力が限られている人もいる。(注9)しかし組織変革とは、ついつい人々に対し、過大な自己改革を非常に短い時間で達成するよう求めるものである。

ピーター・F・ドラッカーによれば、組織の成長を妨げる最大の要因はマネジャーの自己改革の遅さにあるという。組織が要求するスピードでは、自分の態度や行動を変えることができないのだ。(注10)自分の働き方を変える必要性を頭で理解している場合でさえも、感情的に変革を受け入れられないこともある。

時に人は、それがよい変革だとわかっている場合であっても抵抗するが、それは変革に対して受容性が低いからである。たとえば、ある人が組織変革の結果、前よりはるかに重要な仕事を与えられるとすれば、おそらくその喜びはとても大きい。しかし、そのような状況に置かれた人は、喜ぶと同時に何となく不安を感じ、現状の一部分はどうしても手放したくないと抵抗することは十分考えられる。いままでとまったく異なる新しい仕事に就けば、いま自分が気に入っている活動や人間関係を手放さねばならないうえ、いままでとは異なる新しい行動や人間関係が必要となるだろう。もしこの変革の程度が大きく、変革に対する受容性が低ければ、自分でもなぜだかよくわからないまま、変革に積極的に抵抗し始めるかもしれない。

人はまた、体面を保つために組織変革に抵抗する場合もある。つまり、変革を受け入れることは、以前の自分の意思決定や信念が一部間違っていたと認めるようなものだ、と考えるのだ。それ以外にも抵抗の理由として、仲間のグループの圧力に負けてとか、上司の態度が気に入らないから、などが考えられるかもしれない。実際のところ、人が変革に抵抗する理由を挙げていけば、おそらくきりがないだろう。(注11)

考えられる数多くの理由のなかで、変革の影響を受ける当人たちにどれが当てはまるかを見極めることが重要である。なぜならそれは、抵抗を克服するためにマネジャーがどのようなアプローチを選べばよいか決定する際の参考となるからだ。起こりうる抵抗の可能性を的確に診断しておかないと、変革のさなかに非常に手のかかる問題にぶつかり、マネジャーはすぐに身動きが取れなくなってしまうかもしれない。

抵抗に対処する

多くのマネジャーは、変革に対する反応がこれほどまでにさまざまであるとは思っていない。同様に、変革を進めるに当たり特定の個人やグループに対して好影響を与えられる手法が、考えているよりも多いことにも気づいていない。ここでもまた過去の経験に縛られ、自分がよく使う手法のメリットとデメリットを正確に理解していないマネジャーが見られる。以下でこれらの手法を解説する。

▼教育とコミュニケーション

変革への抵抗を克服する方法として最も一般的なのは、変革に関する教育を事前に実施することである。意見交換による意思疎通を徹底すれば、その必要性と意味を理解してもらえる。教育のやり方には一対一の話し合いやグループごとの説明会、メモやリポートの配付などがある。次に例を示そう。

ある事業部門で、組織構造と評価・報酬制度を変えることになった。その取り組みの一環として、この事業部門長は一時間程度の説明会を企画し、変革の内容とそれが必要な理由を解説することにした。この部門長は四カ月の間に、本社と各事業部のマネジャー二〇～三〇人を対象とした説明会を十数回開催した。

教育とコミュニケーションによる手法が最も効果的なのは、抵抗の原因が情報不足や間違った分析にあった場合である。特に、抵抗者たちの協力なしには変革が実現できないような場合はなおさらである。しかし、このような手法が功を奏するためには、変革の主導者と抵抗者との関係が良好でなければならない。そうでないと抵抗者は、その説明を信じないかもしれない。この事実を見落としているマネジャーもいる。くわえて、この手法には時間と労力がかかる。特に変革の影響を受ける人数が多い場合はなおさらである。

▼参画と巻き込み

変革の主導者が、いずれ抵抗しそうな人たちを巻き込み、変革の計画や実施段階のどこかで参画させれば、未然に抵抗を防げることはよくある。こうした参画型の手法を用いれば、変革の影響を受ける人々の声を聞き、その意見を活かすこともできる。以下に、その典型的な例を挙げよう。

ある中堅金融サービス会社の社長は、報酬制度を改定しようと思い、その制度設計と実施を手伝うためのタスクフォースを設立した。タスクフォースは、各部門から選ばれた八名のミドル・マネジャーで構成された。社長がメンバーに明確な目的として告げたのは、会社の福利厚生制度を見直し、改定案を提出することだった。チームには六カ月の期間が与えられ、毎月一度、社長に進捗状況を報告するよう命令された。そして改定案ができあがると、社長はおおむねそれを受け入れた。そしてチームは次に、改定案の導入を進めるため人事担当役員を補佐するよう命ぜられた。

我々の調査では、多くのマネジャーが人々の参画について非常に強い意見――肯定的なものも否定的なものもある――を持っていることがわかった。すなわち、変革には常に参画が必要だと考えるマネジャーがいる一方で、いかなる場合でも参画させるのは間違いだと言うマネジャーもいる。どちらもあまり現実的ではないため、いずれの姿勢も余計な問題を生み出すことになりかねない。

変革の主導者が、変革の計画・実施のために必要な情報を十分得られていないと思った時や、人々が心から取り組んでくれないと成功しないと感じた時、他者を巻き込む手法は非常に効果が大きい。一般に人は何かに参画することにより、それにただ従うのではなく、献身的に深く関わろうとすることが多くの研究で示されている。(注12) 人々の献身的な関わりが変革に不可欠な場合もある。

とはいえ、参画型の手法には欠点がある。参画のプロセスを慎重に扱わないとお粗末な悪い結果に終わりかねないうえ、膨大な時間が必要になることがある。早急な変革が求められる場合、あまりにも時間がかかりすぎるため、巻き込みは不可能である。

▼援助と促進

変革に対する潜在的抵抗を防ぐのに有効なもう一つの手法は、マネジャーが援助役に徹し、変革への対応を促すことである。具体的には、新しい技能を身につける訓練を実施するとか、過酷な仕事の後には休暇を与えるとか、あるいは単に聞き役となり、心理的支えになるなどの方法があろう。次に一例を示す。

成長著しいある電機メーカーでは頻繁に組織変革が行われるため、従業員がこれに適応しやすくするための手法を経営陣が考えた。まず、人事部に四人の専任カウンセラーを置き、「燃え尽きた」と感じている社員や新しい仕事にうまく適応できずにいる社員からの相談に専念させた。次に、言わばミニ・サバティカルとして四週間の特別休暇制度をつくり、社員が職場を離れて自分を見つめ直したり、自分のスキルアップに打ち込めるようにした。この休暇は、それが必要だと見なされた人にだけ経営陣から与えられた。そして最後に経営陣は、社内の教育訓練プログラムに多額の投資をした。

このような援助と促進の手法が最も効果的なのは、抵抗の根源に恐れや不安が潜んでいる場合である。たたき上げで打たれ強いタイプのマネジャーは、この種の抵抗に気づかないか、気づいても無視することが多く、援助と促進の手法がもたらす効果も軽視する。この手法の基本的な欠点は、時間とコストがかかること、そのうえコストをかけてもなお失敗する例があることである。(注13) 時間と金と忍耐力の三拍子がそろうのでなければ、この手法に頼るのはあまり現実的ではない。

▼交渉と合意

抵抗を抑えるもう一つの手法は、抵抗者、もしくはいずれ抵抗者となりそうな人に、交換条件を出すことである。たとえば、労働規約の変更を受け入れてもらう見返りに、組合に賃金率引き上げを提案する手がある。または、早期退職と引き換えに個々人の年金支給額を引き上げることもできる。以下に交渉と合意の手法を例示する。

各事業部門間の相互依存度がきわめて高い、ある大手製造業で、一人の部門長がその部門の大規模な組織変革を計画した。ところが各部門が密接に依存しているため、変革によって他部門にも相当な不便と変化を強いることになると気づいた。そこで、他の部門長たちが自分の変革計画の足を引っ張らないように、くだんの部門長は個々の部門長と個別に交渉し、合意内容を文書にした。それには、変革の結果として他の部門長たちがいつ、どのようなメリットを受けるのかが具体的に記されており、またその見返りとして、変革にどのような協力をするのかも明記されていた。後になって、他部門から変革の内容やそのプロセス自体について苦情が来た時はいつでも、この合意文書を盾に使うことができた。

交渉と合意の手法が特に適しているのは、変革の結果だれかが損をすることが明白であり、しかもその人に抵抗されるとやっかいだという場合である。この手法は、手強い抵抗を避ける比較的簡単なやり方だが、他の手法と同様、高くつくこともある。くわえて、手強い抵抗を避けるために取引する余地があることを公表してしまうと、ゆすり行為などを招く危険にさらされることになる。(注14)

▼操作と取り込み

ある状況の下では、マネジャーは人を動かすために水面下の手段に訴えることもある。そのような状況での「操作」とは通常、情報を厳選して利用することと、意識的にイベントを起こすことである。

よく用いられる操作手法の一つは、「取り込み」である。だれか個人を取り込む場合は通常、変革の計画や実施段階でその人に主要な役割を与える。特定のグループを取り込む場合は、そのグループのリーダーか、皆の尊敬を集めている人にその役割を与える。とはいえ、これは参画型の手法とは異なる。なぜなら、変革の主導者は取り込んだ人の助言を求めているのではなく、単にその人のバックアップがほしいだけだからである。以下の例を見てほしい。

多角経営する某大手企業の一部門長が、社長の親友でもある人事担当バイス・プレジデントに助力を要請した。部門長とその主要スタッフで、この部門が抱える複数の問題を診断するから、それに手を貸してほしいというのだ。バイス・プレジデントは多忙であったため、実際の情報収集や分析にはあまり関われず、したがって診断結果にも大した影響は与えなかった。しかし主要な会議に出席したことで、バイス・プレジデントはこの診断結果やそれに基づいて皆が作成した変革案に思い入れを持つようになった。この思い入れが、実は後で非常に役立った。なぜなら社長は、少なくとも当初は、提出された変革案に乗り気ではなかったのに、バイス・プレジデントと議論をした後では、この変革を止めようとはしなかったからである。

一定の状況の下では、取り込みの手法は比較的安価に、そして簡単に、個人やグループの支持を取りつける方法ではある（たとえば、「交渉と合意」より安価で「参画と巻き込み」より短時間でできる）。しかしそれなりの欠点はある。自分が抵抗しないようにうまく操られていると感じたり、平等に扱われていないとかウソをつかれていると思ったら、人々は強く反発しかねない。部下に参画感を与えようとわざわざ仲間入りさせた結果、より強い抵抗を生み出してしまったという経験をしているマネジャーはかなり多い。そのうえ、この手法は別種の問題を生み出すリスクがある。取り込んだ人が、変革の計画や実施段階で影響力を振るい、組織にとって最善といえない方向へ持っていこうとし始めた場合である。

　これ以外の形を取った操作にもやはり欠点があり、場合によってはよりひどい結果となる。ほとんどの人は、裏表のある扱いやウソだと感じられるものに対して、否定的な反応を示すものである。さらに、「あの人は他人を操作しようとする」という評判が立つと、マネジャーとして必要な他の手段、つまり「教育とコミュニケーション」や「参画と巻き込み」といった手法まで十分に活用する力が失われてしまう。これは最悪の場合、その人の仕事人生すら台無しにしかねない。

　それでもなお、人は他人を操ることに挑戦して成功することもある。特に他の手法はすべて不可能だったり失敗済みだったりした場合である。(注15) 他に使える手法がなく、しかも当事者を教育したり巻き込んだり援助する時間もなく、さらに交渉したり強制したり取り込んだりするための力や切り札もなかった場合、マネジャーたちは操作の手法に頼ってきた。情報経路を操作することで、大変な危機が近づいていると人々に恐怖を与え、変革を受け入れることでしかそれを避けられないと思わせるのだ。

▼直接的な強制と間接的な強制

最後になるが、抵抗に対処する手法としてマネジャーがしばしば用いるのが強制である。この場合、端的に言えばマネジャーは、はっきりと、もしくは遠回しに、人々を脅す（仕事を失うとか昇進のチャンスが消えるなど）ことによって無理やり変革を受け入れさせる。実際に解雇したり他部署へ飛ばしたりすることもある。

無理に押しつけられた変革に対し、人は必ず強い怒りを感じるから、強制は操作と同じく危険な手法である。しかし、変革のスピードが最優先事項であり、しかもどのような形でその変革を導入したところで人々から快く受け入れられそうもない場合、強制がマネジャーに残された唯一の選択肢ということもあろう。

組織変革の成功例を見ると、必ずこれらの手法のいくつかを巧みに応用しており、しかもその組み合わせが非常に多様であるところに特徴がある。しかしながら、成功した取り組みには二つの共通点がある。その手法の利点と欠点（図表3-1「抵抗に対処する方法」を参照）をマネジャーがよくわきまえて利用していること。そして、状況を現実的に把握していることである。

マネジャーが犯す最も一般的な過ちは、どのような状況であろうと常に一つの手法、もしくは一定の手法の組み合わせしか使おうとしないことである。驚くほど多くのマネジャーが、この間違いを犯している。たとえば、部下に強制ばかりしている強面の上司、いつでも部下を巻き込み援助したがる人間重視のマネジャー、常に他人を操作し、取り込みの手法ばかり使おうとする斜に構えた上司、教育とコミュニケーションの手法に頼りすぎる理知的なマネジャー、

図表3-1▶抵抗に対処する方法

手法	状況	利点	欠点
教育とコミュニケーション	情報が足りない場合。もしくは不正確な情報による間違った分析がなされた場合。	一度納得すれば、変革の実施に協力することが多い。	多くの人々を相手にすると、非常に時間がかかりかねない。
参画と巻き込み	再編の主導者が再編を計画するために必要な情報をすべて持っておらず、抵抗しそうな相手が相当な力を持っている場合。	参画した人は変革の実施に熱心に取り組むだろうし、彼らが持つ関連情報のすべては計画段階で活かされる。	参画者が見当違いの計画を立てると、非常に時間がかかりかねない。
援助と促進	変革に適応できない人々が抵抗している場合。	適応の問題に対処するには、この手法が最も効果的である。	時間とコストがかかるが、成功は保証されない。
交渉と合意	特定の個人またはグループが変革の結果損をすることが明らかであり、しかもその人々が抵抗するとやっかいな場合。	時として、手強い抵抗を比較的簡単に回避することができる。	変革に従うと見返りがあると気づき、交渉する人が増えてくると、多くの場合は実行不可能なほど高くつくことになってしまう。
操作と取り込み	他の手法がうまくいきそうにない、またはコストがかかりすぎて使えない場合。	比較的短期間に、しかもコストをかけずに抵抗問題を解決できることがある。	人々が「操られている」と感じると、別の問題に発展しかねない。
直接的強制と間接的強制	変革のスピードが最も優先されるべき事項で、しかも変革の主導者が大きな力を持っている場合。	あらゆる種類の抵抗を短期間で制圧することができる。	人々が変革の主導者に怒りを持つと危険である。

交渉好きで弁護士のような上司など、すべてそうである。(注16)

次に多いマネジャーの過ちは、変革への取り組み方に一貫性がなく場当たり的であり、はっきりと描かれた戦略の一環となっていないことである。

戦略をいかに選択するか

組織変革に着手する場合、周囲から見えるかどうかは別として、マネジャーは次の点について戦略的な意思決定を下す。つまり、変革を実施するスピード、事前準備の多寡、だれを何人くらい巻き込むか、そして各手法に対する相対的な価値判断、である。これらの決定結果が内部的には首尾一貫しており、なおかつ重要な外部環境の変動にフレキシブルに対応している時、その取り組みは成功すると考えられる。

マネジャーが採用できる戦略の選択肢は、一つの連続体の上に存在する（**図表3-2**「戦略の連続体」を参照）と考えるとわかりやすい。(注17) 一方の端にある戦略は、非常に短時間での実施、明快な行動計画、巻き込みは最小、というものである。このタイプの戦略は、あらゆる抵抗の芽を摘み取る。そして極端な場合は、人々が気づく頃にはもう完了していたというように、変

図表**3-2**▶戦略の連続体

速い	遅い
●きちんと計画されている	●当初ははっきりした計画がない
●他人はあまり巻き込まない	●多くの他人を巻き込む
●あらゆる抵抗を制圧しようとする	●抵抗を最小限に抑えようとする

主な状況要因

- ●予想される抵抗の程度と種類
- ●変革の主導者と抵抗者との関係（力関係や信頼関係など）
- ●変革の計画に必要な情報と、変革の実施に必要な行動力をだれが持っているか
- ●変革の成否のカギ（危機の有無、変革への抵抗と変革しない場合の影響との比較）

革を既成事実化することもある。連続体のもう一方の端には、変革のプロセスにはるかに長い時間がかかり、行動計画も曖昧で、多くの人々を巻き込むという戦略がある。このタイプの戦略の狙いは、抵抗を最小限に抑えることにある。[注18]

　図表3-2の連続体の左端へ寄れば寄るほど、その人のやり方は強制的になり、また他の手法――特に参画方式――を使わなくなる傾向にある。逆もまた真なりである。

　戦略が首尾一貫しない組織変革の試みは、当然予想されるような諸問題にぶつかることが多い。たとえば事前にしっかりと計画を練らないままスタートし、しかも早急に実施しようとすれば、予想外の問題に直面して行き詰まるおそれがある。多数の人間を巻き込んでいるのに実施を急ぐ変革の取り組みは、たいてい失速する

か、参加者が減ってしまうものである。

▼戦略を決める四つの状況要因

図表3-2の連続体のどこに戦略を取るべきかを正確に見極めるには、次の四つの要因が重要である。

❶予想される抵抗の度合いと性格

他の要因が同一ならば、予想される抵抗が激しければ激しいほど、それを克服するだけでも難題となる。マネジャーは抵抗をいくらかでも弱める手段を見つけるため、連続体のより右側に移動する必要性が高まるだろう。(注19)

❷変革の主導者と抵抗者の力関係

変革の主導者が他人に行使できる力が少なければ少ないほど、連続体の右側へシフトしなければならない。(注20)逆に、主導者の立場が強くなればなるほど、彼または彼女は左側へ動くことができる。

❸変革の計画・実行に必要な情報と情熱を持つ人がどこにいるか

変革の主導者が、その計画と実行に必要な情報と献身を、人から得なければならない可能性が高ければ高いほど、連続体の右側に移動しなければならない。(注21) 有用な情報や献身を得るには時間がかかるうえ、人々を巻き込む必要がある。

❹変革の成否にかかっているもの

現状を変えなければ業績が落ち込み、組織の存続すら脅かされるという危険性が短期的に高いほど、左端へ近づかなければならない。

これらの要因を無視した組織変革の試みは、間違いなくさまざまな問題にぶつかることになる。たとえば一部のマネジャーにありがちな失敗は、妥当な変革計画を練るために不可欠な情報をすべて入手していないにもかかわらず、変革の実施を急ぎすぎ、少数の人しか巻き込まないというものである。

これら四つの要因を明確にしてもなお、連続体上のどこで戦略を選ぶかピンポイントでは定まらない場合、人間関係からも経済的理由からも、マネジャーはなるべく右端に近い戦略を選ぶのがいいだろう。人々に変革を押しつけるということは、短期的にも長期的にもあまりに多くのマイナスの副作用を与えかねない。一方、連続体の右側にある戦略を用いた取り組みは、しばしば組織とそこに働く人間を有益な方向へ発展させる助けとなることがある。(注22)

しかしある場合には、四つの要因を明確にしたために、マネジャーが気楽で簡単な選択を採れなくなることもあろう。たとえば、変化が必要と思われる人々に対して、そのマネジャーが弱い立場にあり、それにもかかわらず早急に変革を起こさないと重大な結果に直面するという状況の場合、そのマネジャーは明らかに苦境に陥る。どうにかしてその状況で自分の立場を強化できなければ、妥協の末に最善とはいいがたい戦略を選ばざるをえず、その後苦労が続くことになろう。

▼マネジャーへの教訓

組織変革に取り組むマネジャーは、以下のポイントを押さえれば成功率を高められる。

❶組織を分析し、組織の現状と問題点、さらに問題の原因になっていると思われる勢力を明らかにすること。この分析は次の三点を具体的に指摘しなければならない。すなわち、各問題が現実的にどれほど深刻か、その問題の再発を防ぐよう手を打つ場合はどれほどの時間が残されているか、組織全体としてはどのような種類の変革が必要か、の三つである。

❷求められる変革を実現するのに必要な諸要因を分析すること。特に次のような項目が重要である。変革に抵抗しそうな人はだれか。その理由と程度は。だれが変革の計画に必要な情報を持っているか。実施にはだれの協力が不可欠か。変革の影響を被る人々やグループに対して変革の主導者の立場はどうか。特に力関係、信頼関係、通常の交流関係などはどうか。

❸これらの分析に基づき変革の戦略を決定すること。この戦略は、変革のスピードや事前準備の量、他者を巻き込む程度を明確にすると同時に、さまざまな個人およびグループに対して用いる具体的戦術を決定し、またそのなかで首尾一貫したものでなければならない。

❹実施プロセスをモニタリングすること。最初の戦略および戦術の決定がどんなに素晴らしくとも、変革の実施段階でいずれは予想外の事態が起きるものである。注意深く監視することによってのみ、不測の事態をタイムリーに発見し、賢明に対処できる。

この分析には対人スキルがカギであることは言うまでもない。しかしどれほど素晴らしい対人スキルをもってしても、戦略および戦術の選択ミスをカバーできない。しかも、ますますダイナミックに動き続けるビジネスの世界において、つたない実施戦略を選んでしまったツケはより深刻なものになるだろう。

筆者より：この論文の準備段階で協力してくださったカリフォルニア州のクレアモント経営大学院ドラッカー・スクールのヴィジェイ・サテー教授に感謝いたします。

【注】

(1)
Niccolo Machiavelli, *The Prince*.（邦訳『君主論』、岩波文庫など）

(2)
Marvin Bower and C. Lee Walton.Jr, "Gearing a Business to the Future," in *Challenge to Leadership*, The Conference Board, 1973.

(3)
変革の頻度に関する最近の論拠については、Stephen A. Allen, "Organizational Choice and General Influence Networks for Diversified Companies," *Academy of Management Journal*, September 1978.

(4)
たとえば、Robert A. Luke, Jr., "A Structural Approach to Organizational Change," *Journal of Applied Behavioral Science*, September-October 1973. を参照。

(5)
企業内の力と政治の分析については、Abraham Zaleznik and Manfred F. R. Kets de Vries, *Power and the Corporate Mind*, Houghton Mifflin, 1975. および、Robert H. Miles, *Macro Organizational Behavior*, Goodyear 1978. を参照。

(6)
Edger H. Schein, *Organizational Psychology*, Prentice-Hall, 1965.（邦訳『組織心理学』岩波書店、一九六一年）

(7)
Chris Argyris, *Intervention Theory and Method*, Addison-Wesley 1970.

(8)
Paul R. Lawrence, "How to Deal with Resistance to Change," HBR, May-June 1954.

(9)
性格に基づいた抵抗論については、Goodwin Watson, "Resistance to Change," in *The Planning of Change*, eds. Warren G. Bennis, Kenneth F. Benne and Robert Chin, Holt, Rinehart, and Winston, 1969. を参照。

(10)
Peter F. Drucker, *The Practice of Management*, Harper and Row, 1954.（邦訳『現代の経営』ダイヤモンド社、一九六五年）

(11)
抵抗とその原因を全般的に取り扱ったものとしては、Gerald Zaltman and Robert Duncan, *Strategies for Planned Change*, John Wiley, 1977. を参照。

(12)
たとえば、Alfred J. Marrow, David F. Bowers and Stanley E. Seashore, *Management by Participation*, Harper and Row, 1967. を参照。

(13)
Zaltman and Duncan, *Strategies for Planned Change*.

(14)
交渉の優れた論考として、Gerald I. Nierenberg, *The Art of Negotiation*, Cornerstone, 1968. を参照。

(15)
John P. Kotter, "Power, Dependence, and Effective Management," HBR, July-August 1977.（邦訳「人を動かすパワー どう身につけ発揮するか」ダイヤモンド・ハーバード・ビジネス一九七九年六月号、『DIAMOND ハーバード・ビジネス・レビュー』二〇〇八年二月号に「権力と影響力」として新訳・改題、本書第4章に掲載）

(16) 同右。

(17) Larry E. Greiner, "Patterns of Organization Change," HBR, May-June 1967. およびLarry E. Greiner and Louis B. Barnes,"Organization Change and Development" in *Organizational Change and Development*, eds. Gene W. Dalton and Paul R. Lawrence, Irwin, 1970. を参照。

(18) 抵抗を最小限にする手法についての優れた論考として、Renato Tagiuri, "Notes on the Management of Change: Implication of Postulating a Need for Competence," in *Organization*, eds. John P. Kotter, Vejay Sathe and Leonard A. Schlesinger, Irwin, 1979. を参照。

(19) Jay W. Lorsch, "Managing Change" in *Organizational Behavior and Administration*, eds. Paul R. Lawrence, Louis B. Barnnes and Jay W. Lorsch, Irwin, 1976. を参照。

(20) 同右。

(21) 同右。

(22) Michael Beer, *Organization Change and Development: A Systems View*, Goodyear, 1980.

第4章

権力と影響力

Power, Dependence, and Effective Management

Power, Dependence, and Effective Management
HBR, July-August 1977.
初出「人を動かすパワー　どう身につけ発揮するか」を新訳・改題
『ダイヤモンド・ハーバード・ビジネス』1979年6月号

権力をめぐる三つの疑問

一般にアメリカ人は、権力《パワー》とその力学《ダイナミクス》を快く思わない。権力をほしがり、やっきになっている人を見ると、その動機を怪訝に思う。「その人は自分を操ろうと考えているのではないか」と不安を抱くこともある。組織内の権力争いは避けて通れないと考えている人でも、いざ自分自身が権力を行使しなければならない場合、多少なりとも後ろめたさを感じることが多い。つまり、アメリカ人は権力に否定的なのだ。

このような態度や考え方はいまに始まったものではなく、アメリカ建国にまで遡ることができる。法学者のチャールズ・A・ライクは、ベストセラー『緑色革命』(注1)で、さまざまな人々の考え方を描き、こう述べている。「権力の乱用が悪いのではなく、権力が存在することが悪なのである」

権力というものはこのように見なされているため、研究や討論においてまっとうなテーマとして扱われてこなかった。マネジメントの世界ですら、そうである。疑われるならば、経営学の教科書やマネジメント誌、シニア・マネジャー向け研修のパンフレットなどに目を通してみられるとよかろう。「権力」という言葉はまず出てこない。

権力とマネジメントをめぐっては、以前から混乱と誤解が数多く生じていたが、このように権力への関心が低いと、混乱と誤解はますます大きくなり、しかもやっかいなものになっていく。なぜなら、複雑かつ大規模な現代組織では、大勢のマネジャーが存在しており、彼ら彼女らが効率的に業務を遂行するには、一人ひとりにしかるべき権力が与えられ、これを効果的に行使できなければならないからである。

私の見るところ、マネジャー、特に高学歴の若手マネジャーのなかには、権力に秘められた真の力を十分発揮できていない者が多い。それは、与えられた権力を行使すると、どのような力学が働くのかを理解していないからだけでなく、必要な権力を取りつけ、効果的に行使するだけの才に乏しく、また十分養われていないからである。

本稿では、次の三つの疑問に答えながら、権力とマネジメントをめぐる混乱と誤解を整理していきたい。

- 権力にまつわる力学が、否応なくマネジメントにおける重要な一因となるのはなぜか。
- 有能なマネジャーは、どのように権力を身につけるのか。
- 有能なマネジャーは、権力をどのような目的のために、どのように行使しているのか。

ここでは、権力の乱用については触れない。ただし、この問題が重要ではないと考えているからではない。たしかに、自分の地位や名誉のために権力をまとい、これを行使するマネジャーもいる。このような行為がきわめてゆゆしき問題であることは間違いない。詳しく分析する価値がある。とはいえ、権力の乱用そのものが複雑な問題であり、ここで取り上げるテーマに比べれば、すでに関心も高いことから、ここではあえて触れることをやめた。

優秀なマネジャーは依存関係を考えながら権力を使う

たいていのマネジャーに見られる特徴の一つは、その仕事がさまざまな人たちの行動に依存していることである。(注2)医者や数学者の業績は、個人の能力や努力に負う部分が大きいが、マネジャーは、程度の差こそあれ、自分の上司や部下、他部門の同僚とその部下、サプライヤー、顧客、同業他社、労働組合、監督官庁などに依存している。

「分業」と「経営資源の有限性」が現代企業組織の土台である以上、マネジャーの仕事にはこのような依存関係が不可避である。つまり、さまざまな部課に分かれて業務は営まれているため、いかなるマネジャーも直接的かつ間接的に、多くの人たちに依存して情報を収集したり、他人の力を借りたりしながら協力関係を築いている。

また、経営資源が限られているために、マネジャーは社外の人たちの力を借りている。サプライヤー、同業他社、労働組合、監督官庁、顧客から最低限の協力が得られなければ、マネジャーは自部門を存続させ、目標を達成することが難しくなる。

このような依存関係とそれに伴う弱みについて正しく認識し、これに対処していくことは一筋縄にいかないが、重要な課題である。理屈の上では、部下や上司、他部門の同僚たちはもれなく期待通りに動いてくれるはずだが、現実は違う。当てにしている人たちの時間やエネルギー、能力は限られており、しかもそれを求めているのはマネジャーだけではないからだ。

部下たちは、別のことで忙しかったり、荷が勝ちすぎたりするために、協力できないかもしれない。目標や価値観、見解が異なるために対立し、手を貸す気などさらさらないかもしれない。同業他社は間違いなくそうであり、労働組合もそのような場合がある。そのほか、そのマネジャーが昇進すると自分の地位が脅かされると感じている上司は、おそらく協力してくれないだろう。また、たとえ仲のよい同僚でも目標が違っていれば、協力をためらうだろう。

ほとんどのマネジャーが、直接コントロールできない人たちや組織、協力的ではない人たちに依存している。だからこそ、その仕事に極度のフラストレーションを感じる。経営者たちも同様である。それは次のケースを見れば、わかる。

ABC社では、一年ほど前から噂されていたトップ人事について、ようやく正式な発表があった。現社長が会長となり、財務担当バイス・プレジデントのジム・フランクリンが社長兼CEOに就任することになった。

近々トップが交代することを全社員が承知していたが、だれが次期社長なのかは発表されるまでまったくわからなかった。大方の予想は、マーケティング担当バイス・プレジデントのフィル・クックだろうというものだった。CEOに就任して九カ月経った頃、フランクリンは、マーケティング担当バイス・プレジデントに留任したクックが、どうも自分に敵がい心を抱いていることに気づいた。はっきり態度に示すことはなかったが、彼は他の執行役員ほど、この新CEOに協力的ではなかったのである。

CEOに就任して間もない頃、フランクリンはクックとの対立を避けようとして、こう話しかけたことがある。「別の会社でCEOを務めることを考えたりしているのですか。あなたに辞められるのは、会社にとっては大きな損失だが、もしそれがあなたの望むところならば、微力ながら力になりたいと思っています」

クックはこれに、「ありがたい申し出ですが、家族の都合や地元とのつながりもありまして、いま引っ越すわけにはいきません。CEOの話はすべて他の都市でのことですから」と答えた。

それから一〇カ月経っても、一一カ月経っても状況は変わらず、ついにフランクリンはクックを追い出すことを真剣に考え始めた。とはいえ、クックを解雇した後のことを想像すると、彼にどれほど依存していたのか、あらためて気づかされた。ABC社が属する業界では、マーケティングと営業が成功のカギを握っており、同社の営業部門は業界内で一、二を争う業績を上げていた。クックは入社して二五年にもなる。大勢の営業スタッフと個人的な関係を築き、だれからも好かれていた。クックを解雇すれば、一緒に何人もの営業スタッフが辞めるかもしれず、営業部門に大きな混乱が生じかねない。そうなれば、会社の業績は著しく落ち込むことが予想できる。

CEOに就任してから一年しても、フランクリンはクックとの関係は改善できず、クックはたえずフラストレーションの種になっていた。

公式に与えられた権力が大きければ大きいほど、弱みばかりか、複雑さも増していく。この例が示しているように、CEOが他の執行役員たちに大きく依存しているのはけっして珍しいことではない。もっとも、このような依存関係は、部外者はもちろん、トップの座を夢見るマネジャーたちには見えないことが多い。

成功を収めてきたマネジャーの行動を見ると、経営学の教科書に書かれていることではおよそ説明がつかない。好むと好まざるとにかかわらず、マネジャーは人間関係に配慮し、調整しなければならず、そのために努力する。この点がわからないと、マネジャーの行動は理解でき

ない。(注3)

マネジャーが、計画立案、組織改編、予算編成、人事、部内の統制、査定に当たって、自分が依存している人たちを何らかの形でコントロールする必要がある。命令や職位上の権限だけでコントロールしようとしても、まずうまくいかない。これは、次の二つの理由による。

●マネジャーは、公式の権力が及ばない人たちにも依存している。

●今日の企業では、たとえ上司の命令であろうと、これを黙って聞き入れ、忠実に従う社員など、ほとんどいない。

説得によって相手を動かそうとしても、やはりうまくいかないだろう。説得はたしかに人を動かす有力な手段であり、これだけを取り上げれば、有効な方法といえるが、重大な欠点もある。すなわち、説得には多くの場合、相当な時間がかかり、説得のスキルとそのための情報が必要になることだ。そのうえ、相手が耳を貸さなかったり、きちんと聞いてくれなかったりすれば、これだけで失敗に終わるだろう。

マネジャーとして仕事を成し遂げるうえで、職位上の権力と説得による命令が重要ではないと申し上げているわけではない。しかし、公式の権力と説得力を駆使したところで、たいていの場合、それだけでは十分ではない。

他者への依存関係を上手に利用しているマネジャーは、他者に依存している自分を十分認識し、不必要な依存関係は排除するか避け、行使できる権力を確立している。有能なマネジャーはその権力を行使して、計画立案、組織改編、人事、予算編成、査定などに臨む。つまり、その仕事の性質上、マネジャーは他者に依存せざるをえないからこそ、権力とその力学がマネジメント・プロセスにおいて重要になる。

以前に参加したミドル・マネジメント研修で、次のような議論があった。この例から、マネジャーに権力が必要かどうかは他者への依存度によることがよくわかる。

マネジャーが権力を取りつけ、これを行使するというテーマをめぐって、二人の三〇代のマネジャーの間で意見が対立し、激論になった。一方は、マネジャーには権力が絶対必要であると主張し、もう一方は権力などなくてもよいと言う。

それぞれの主張を裏づけるために、彼らから見て「成功者」と呼べるマネジャーについて挙げてもらった。その一人はたえず権力を強化し、これを行使しているようだったが、もう一人はそのような行為に訴えることはまずないという。そこで、これら優秀なマネジャーの仕事ぶりについて、業務上の依存関係を踏まえて話してもらうことになった。

権力が重要であるとは考えてはいない若手マネジャーが例に挙げたのは、某中小企業の人事担当役員で、ジョー・フィリップスという。フィリップスが依存しているのは、直属の部下、上司と同僚だけである。仕事を手際よく処理するには部下に頼らざるをえないが、必要とあれば、部下に代わってみずから処理するか、よそから援軍を呼べばよかった。それなりの権力、すなわち給与査定、人事、昇進候補者の推薦、解雇について権限が与えられていた。

また、上司である四人の執行役員にもある程度依存しており、情報を収集したり、協力を仰いだりしていた。これら四人の執行役員たちも、フィリップスにそれなりに依存していた。たとえば社長は、フィリップスのサポートや専門的なアドバイスをもらうだけでなく、フィリップスの部下の力を借りて、情報を収集したり、雑務を手伝ったりしてもらっていた。

権力がきわめて重要であると考えている、もう一人の若手マネジャーは、急成長中の大企業でサービス部長を務めるサム・ウェラーを例に挙げた。ウェラーの立場はフィリップスとまったく異なり、報酬や情報収集の面で上司に依存しているだけでなく、事業部長や経営陣を含めれば、三〇人近くに依存している。

フィリップスの場合と同じく、上司はウェラーに多少とも依存しているが、経営陣はウェラーにほとんど依存していない。フィリップスの場合と異なり、ウェラーの部下にはさらに直属の部下がおり、ウェラーは部下だけでなく、部下の部下にも依存している。部下の仕事も、部下の部下の仕事もそれぞれ専門的で、代わりに引き受けられるような類のものではないため、部彼ら彼女らに依存せざるをえない。

そのうえ、調達業務についても、部内の二人の部長に依存している。この二人の適切な支援がなければ、ウェラーの部門は回らない。もっとも、これら二人もウェラーの支援や協力をそれほど必要としていない。ウェラーはまた、労組幹部、州政府や市当局にも依存している。これらの意向次第では、ウェラーの部門は業務停止に追い込まれかねない。さらにサプライヤー二社に依存している。ただし、ウェラーの部門の発注量は大したものではないため、ウェラーがここで権力を行使できることは少ない。

以上のような状況ゆえに、ウェラーが権力の獲得と行使にかなりの時間を費やし、努力せざるをえないのは当然のことであり、逆にフィリップスが同じことをしないのもうなずける。

この事例を見てもわかるように、管理職にある者が皆同じように権力を身につけ、行使できなければならないというわけではない。しかし、今日の管理業務のほとんどが、フィリップス型ではなくウェラー型だ。しかも、この二〇～三〇年間で、フィリップス型からウェラー型へと移行しているという傾向を見逃してはならない。

技術がますます複雑化し、全社的に拡大を続け、業界内の競争が激しくなると同時に、規制も緩和されている。この傾向は変わらないだろう。そのため、マネジャーが権力を身につけ、効果的に行使することがいっそう重要になる。

権力を獲得・強化する四つの方法

有能なマネジャーは、管理職という仕事ゆえに派生する依存関係にうまく対応するために、四種類の方法によって権力をまとい、これを強化している。(注4) 以下で説明するこれら四種類の方法を身につければ、依存しなければならない人たちに何らかの影響を及ぼすだけでなく、痛い目に遭わずに済む。

❶感謝や恩義を感じさせる

周囲に依存しながら権力を身につけるには、相手から感謝してもらえるような行動を心がけることだ。相手がそのように感じれば、一定の範囲であれば、マネジャーの権力下に置かれてもかまわないと感じる。賢いマネジャーは、自分に恩義を感じ、それに報いてくれそうな者を大切にする。

自分の上司について、次のように語ってくれた人がいる。これを読めばわかるように、マネジャーのなかには、相手が自分に感謝の念を抱いてくれそうなチャンスを巧みに活かしている者がいる。実のところ、このような行動は大した苦労ではない。

「うちの上司から『真っ赤に熱した石炭の上をはだしで歩け』と命じられたならば、ほとんどの部下がそうするでしょう。うちの上司は驚くべき才覚の持ち主で、ちょっとした気配りによって、部下の心をつかんでしまうのです。たとえば今日、彼は郵便物のなかからある広告を見つけました。それは、私の部下がある時、『買おうと思って探しているんです』と話していた商品の広告でした。そこで、うちの上司はわざわざ、その広告を本人に渡しました。かかった時間は一五秒くらいでしょうが、私の部下はとても感謝しています。もう一つ例を挙げると、二週間ほど前、彼は購買部長の母親が亡くなったことを耳にして、その夜、帰りがけに葬儀場に立ち寄ったのです。購買部長はおそらく、彼が弔問に訪れたことをしばらく忘れはしないでしょう」

友情は感謝の気持ちを生むといわれる。「まさかの時の友こそ真の友」と言うではないか。成功者と呼ばれるマネジャーはこれをわきまえ、依存している相手と真の友情を築こうとすることが多い。また、公式非公式を問わず、上手に駆け引きしつつ譲歩し、先々のことも考えて恩義を売っておく人もいる。

❷豊富な経験や知識の持ち主として信頼される

第二の方法は、特定分野の専門家としての評判を高めることである。豊富な経験とそれに裏づけられた知識の持ち主であると信頼されれば、その分野の仕事では頼られる場面が増える。通常、こうして自分の権力を強化する場合、目に見える実績が必要である。これまでの業績が際立っていればいるほど、権力も大きくなる。マネジャーが、専門家としての評判や実績を気にするのは、それによって自分の経験や知識に関する評価が変わるからでもある。これは、大組織にあってはとりわけ重要だ。他人の専門能力について、ほとんどの人が受け売りの情報しか持っていないからである。次の事例がそのことを示している。

ハーブ・ランドリーとバート・クラインは、大企業のR&D部門で働くミドル・マネジャーで、どちらも三五歳である。親しい同僚たちによれば、二人とも聡明で、ある分野では優れた専門家であり、マネジャーとしても優秀だという。とはいえ、ほとんどの部門でランドリーのほうが高い評価を得ており、たいてい彼の意見が重視されていた。親しい同僚たちに言わせれば、クラインに比べて、ランドリーはその手の戦術に長けているという。

たとえば、クラインよりもたくさんの技術論文を発表してきた。また、研究課題を慎重に選択してきた。成果が目に見える課題、自分の得意な課題を選ぶのである。自分が担当したプロジェクトについて報告したり、講演したりする回数もクラインより多い。そのうえ会議では、自分の専門分野については雄弁に語り、そうではない分野では口をつぐんでいるという。

❸「このマネジャーとは波長が合う」と思わせる

第三の方法は、周囲の人々が知らずしらずのうちに、「このマネジャーとは波長が合う」、彼もしくは彼女の考え方に共感できると思わせることだ。このような人間の心理に初めて言及したのは、精神分析学者のジークムント・フロイトだが、この傾向が顕著に見られるのは、カリスマ的な指導者を崇拝する時である。マネジャーを理想的な人物であると認識し、無意識のうちにもそう思える（こちらのほうが重要である）ほど、そのマネジャーへの帰属意識が強まる。

マネジャーは、周囲の目に理想的なマネジャーとして映るよう、さまざまな機会をとらえて権力の強化を図る。たとえば、人から尊敬されるような振る舞いを心がける。努めて部下の前に姿を見せて、組織の目標、価値観、理念について語る。また、そのようなマネジャーは、採用や昇進を判断する際、対象者がしかるべき権力を身につけ、それを行使できるかどうかを考える。

某中堅メーカーの営業担当役員は、営業部門を完全に掌握しているという評判だった。新たに営業計画が策定されると、部下たちを総動員し、同業他社の三分の一の時間でこれを実行した。この営業担当役員がこのような影響力を及ぼせるのは、部下たちが彼と彼の考え方に強く共感しているからにほかならない。この営業担当役員は一七歳でアメリカに移住し、ゼロから出発して現在の地位を築いた。一九六五年に営業部門のマネジャーになると、祖国からの若い移民や移民の息子を採用し始めた。七〇年に営業担当役員になっても、同じように採用を続けた。七五年には、彼が直接あるいは間接的に採用した者が営業部門の八五パーセントを占めるまでになっていた。

❹「このマネジャーに依存している」と自覚させる

有能なマネジャーが権力を獲得する第四の方法は、「マネジャーに依存することで助けられ、守られている」と周囲の人々に自覚させることである。人は依存していることへの実感が大きいほど、そのマネジャーに協力しようとするものだ。

成功しているマネジャーは、そのために二つの方法を取ることが多い。

(1)経営資源を見つけ、手に入れる

マネジャーは、相手が自分の仕事を果たすうえで必要だが、持っていない経営資源、ほかでは簡単に手に入らない経営資源が何であるかを見極め、必要とあれば、それらを入手する。

ここで言う経営資源とは、意思決定権、資金や設備、オフィス・スペースなどの管理権、有

力者と接触する機会、情報の入手と情報ルートの管理、人手などである。次に、これらの経営資源を自分が持っていること、それらを活用して支援あるいは妨害する意思があることをわからせる。次の例は極端だが、事実である。

大手メーカーで働くティム・バブコックは、若手ながら一事業部を任され、業績回復を命じられた。その際、すぐさま現場に踏み込むことはせず、数週間かけて現状について分析した。その結果、状況は惨憺たるものであり、大胆な施策を矢継ぎ早に繰り出さなければ、およそ再建できないと判断した。そのためには、事業部のメンバーのほとんどについて、その行動を変えさせる必要があった。そこで、ティムは出勤初日、次のように行動した。

- 出社する二時間前に、到着時間を事業部の管理職たちに知らせた。
- 補佐役六人を連れてリムジンで到着した。
- 管理職四〇人を招集して会議を開いた。
- 現状分析の結果を手短に話し、業績回復にかける自分の決意を表明し、今後の基本方針を示した。
- その場で四人のマネジャーを解雇し、二時間以内に会社から出ていくように命じた。
- 事業の立て直しを妨害しようとする者に将来はないと言い渡した。

●明日の朝七時からマネジャー一人ひとりと面談し、そのスケジュールは補佐役が設定すると伝え、一時間で会議を終えた。

それからの半年間、厳しい状況のなかで、留任したマネジャーのほとんどがバブコックに協力し、事業再建に精力的に取り組んだ。

(2)自分が管理している経営資源への評価を高める

自分への依存度を高めるに当たり、有能なマネジャーは自分が管理している経営資源への評価を高める。(注5) さまざまな人たちと関わっているため、依存すべき相手と接触する機会が少ないと、周囲の者にすれば、マネジャーはどのような資源を支配しているのか、今後どのような資源を利用するつもりなのか、その資源によって相手を支援しよう、あるいは妨害しようと考えているのか、確かなことはほとんどわからない。その結果、各人勝手に判断することになる。その判断にマネジャーが関与できるのであれば、実際に管理している経営資源によって発揮しうる権力以上の権力を獲得できるだろう。

周囲からの評価を少しでもよくしようとして、たいていのマネジャーが、権力の象徴、自分自身の評判やイメージに気を配る。なかでも、自分のオフィスは慎重に選び、内装を工夫し、備品の配置にまで気を使い、持てる権力を顕示しようとする。また、実力者や有力者、そのような組織とつき合う。自分に関する噂で都合のよいものをうまく利用する。こうして権力の強化を図るマネジャーは、自分の一挙手一踏足が他人にどのような印象を与えるのかにきわめて敏感である。

公式の権威イコール権力ではない

マネジャーはどのように権力を行使して影響を及ぼすのかという点に触れる前に、公式の権威と実際の権力がどのように関係しているのか、理解しておく必要がある。公式の権威とは、管理職という立場ゆえに伴う要素、つまり、肩書き、個室、予算、意思決定権、部下、上下関係などを意味する。有能なマネジャーはこれらを用いて、すでに述べた四種類の権力のいずれか、あるいはすべてについて強化しようとする。その際、学歴なども含めて、他の経営資源を活用するのは言うまでもない。

公式の権威が同じでも、人によって権力の大きさがまったく異なる場合がある。それは、公式の権威の活かし方が違っているからにほかならない。例を見てみよう。

●あるマネジャーは、新入社員の面倒を見たり、新規プロジェクトに取り組んだりしている社員と話し合うために時間を割き、公式に与えられた権威を周知徹底し、強いロイヤルティを植えつけ、自分の権力に敬意を払わせる。
●別のマネジャーは、自部門が他部門にサービスを提供するに当たり、そのさじ加減をコントロールすることで、自分に依存していることを他部門のマネジャーたちに認識させる。

つまり、公式の権威が権力の大きさを意味しているわけではないのだ。公式の権威は、マネジャーが対人関係のなかで権力を獲得するための資源の一つにすぎない。

直接的あるいは間接的に権力を行使する方法

優秀なマネジャーは説得という方法のほかに、対人関係のなかで獲得した権力を行使して影響を及ぼす。自分が依存している人たちの行動に影響を及ぼし、自分の仕事を成功させる。その権力によって、みずから影響を及ぼすこともあれば、より間接的に影響を及ぼすこともある（**図表4**「権力によって影響を及ぼす方法」を参照）。

長所	短所
時間がかからない。有形の資源を必要としない。	要求が許容範囲内であれば、好影響を及ぼすことができる。許容範囲を超えると、理不尽な要求と思われるかもしれない。
時間がかからない。有形の資源を必要としない。	要求が許容範囲内であれば、好影響を及ぼすことができる。許容範囲を超えると、理不尽な要求と思われるかもしれない。
時間がかからない。限られた資源を費やす必要がない。	波長が合うと思われているからこそ好意的に示される態度や行動にしか、影響を及ぼせない。
時間がかからない。ほかの方法でうまくいかなった場合、奏功しやすい。	この方法を何度も繰り返すと、相手も権力を身につけ、マネジャーに対抗しようと思うかもしれない。
時間がかからない。ほかの方法でうまくいかなった場合、奏功しやすい。	報復されるリスクが高い。
内面を動機づけるため、行動を監視する必要がない。また権力や限られた資源を使う必要がない。	時間がかなりかかる場合がある。相手が耳を貸してくれない限り、始まらない。
単一の方法よりも、効果が高く、リスクも低い。	単一の方法よりも、コストがよけいに必要である。
直接的な方法がうまくいかない場合、奏功する可能性がある。	時間がかかる。段取りがややこしく、リスクも高い。頻繁に用いると危険である。
影響はきわめて大きく、その後も持続する。	相当大きな権力が要求される。

図表4▶権力によって影響を及ぼす方法

		影響を及ぼせるもの
直接的な方法	これまで恩義をかけてきたことで得られた権力を行使する。	これまで受けた恩義を考えれば断れないだろうと思える範囲内の行動。
	豊富な経験と知識の持ち主であると認められたことで得られた権力を行使する。	その経験や知識が通用する範囲内の態度や行動。
	「このマネジャーとは波長が合う」と思われたことで得られた権力を行使する。	波長が合うと思われているからこそ好意的に示される態度や行動。
	「このマネジャーに依存している」と自覚させることで得られた権力を行使する。	監督できる範囲内の行動。
	「このマネジャーに依存している」と自覚させ、これを盾に権力を高圧的に行使する。	日常的に監督できる範囲内の行動。
	説得する。	さまざまな態度や行動。
	上記の方法を組み合わせる。	組み合わせ次第で変わる。
間接的な方法	相手の周囲の人たちに直接的な方法によって働きかける。	さまざまな態度や行動。
	個人に継続的に作用する条件、たとえば組織内における正式なルール、非公式なルール、技術や経営資源の制約、組織目標などを変更する。	さまざまな態度や行動。

▼直接的に影響を及ぼす

権力を行使して、みずから直接働きかける場合、そのメリットは時間がかからない点にある。権力の性質や影響について正しく理解していれば、ちょっとした依頼や指示だけで相手を動かすことができる。

ジョーンズが思うに、「これまでずいぶん面倒を見てきてやったのだから、スミスは恩義を感じているはずだ。プロジェクトの完了を二日前倒しにしてほしいと頼んでも、まぁ飲んでくれるだろう」。そこで、ジョーンズはスミスに電話をかけて、このことを伝えた。ちょっと間があったものの、スミスは「はい、わかりました」と答えた。

ジョンソンとベイカーはどちらも管理職だが、ベイカーはジョンソンに依存しており、したがってジョンソンは彼に権力を行使できる。ジョンソンがベイカーに「明日のこの時間までにリポートを提出してほしい」と頼むと、しぶしぶベイカーは考える。要求に従うべきか、拒否するか、ジョンソンの上司に苦情を申し立てるか、どれがいちばん妥当な選択肢だろうかと。結局、言われた通りリポートを作成するのがいちばん賢明だろうと判断し、「了解しました」と返答した。

ポーターは、他部門のマネジャーであるマルケットを尊敬している。直属の上司ではないが、マルケットこそマネジャーの鏡であるとひそかに私淑しており、彼を手本にしている。ある時、マルケットから特別プロジェクトへの参加を要請された。「ライバル商品に対抗するうえで、きわめて重要なプロジェクトです」とマルケットは説明した。ポーターは一も二もなく承諾し、週一五時間残業してプロジェクトをみごと成功させた。

権力を行使して周囲に何らかの影響を及ぼす場合、先に述べた四つの方法にはそれぞれ長所と短所がある。たとえば、経験や知識が豊富であるという評判をテコにした権力、あるいはマネジャーとの一体感による権力の場合、相手の態度や当面の行動を変えられるだけでなく、その影響力も長続きしやすい。ただし、経験や知識に基づいた権力の場合、その得意分野に限られる。

マネジャーに依存しているという事実による権力を使って、相手の態度をこちらに都合のいいように変えるのはきわめて難しい。ただし、もしそれに成功すれば、他の方法よりも、はるかに広範囲の行動に影響を及ぼすことができる。この依存関係に基づいた権力には欠点もあり、この点を認識しておくことはとりわけ重要である。マネジャーに賞罰の判断が委ねられている場合、部下たちはマネジャーの要求をすぐさま聞き入れるかもしれないが、はたして最後までやり遂げるかどうかはわからない。ちゃんとやってくれたかどうか、はた目にはわかりにくい場合など、特にそうだ。

依存していることを盾にして繰り返し権利を行使すると、相手は「自分も権力をまとって」

あるいは「だれかの権力を借りてでも」、このマネジャーに対抗してやろうと考える。依存関係に基づいた権力を高圧的に行使するのはかなり危険のようだ。このような態度にはいずれ報復が待っている。先のティム・バブコックが、新しい担当事業部の立て直しに極端ともいえる手を打った時、依存関係を盾に権力を行使していれば、多数の社員が退職し、事業そのものが崩壊してしまうおそれもあった。もっともバブコックは、このリスクを十分承知したうえで、あえて改革に踏み切った。部下たちが一丸となって一日も早く再建を果たすには、ほかに方法がないと確信したからである。

有能なマネジャーはさまざまな方法によって権力を行使し、周囲に影響を及ぼす。時には、説得を組み合わせることもある。一般的に、単一の方法よりも、複数の組み合わせのほうが効果的であり、リスクも小さい。次の例を見ればそれがわかる。

社内で高く評価されているマネジャーは、周囲の人たちに大きな権力を持っているが、その源泉はけっして一つではない。何かを命じたり、頼んだりすることはめったにない。たいてい、ちょっとした説得で済んでしまう。そもそも大きな権力を持っているため、相手に耳を傾けさせ、間違いなく相手の心を動かせる。したがって、説得も容易である。その際、理不尽な要求や命令によって反感や怒りを買うようなまねはけっしてしない。

優秀な管理職と評価されているマネジャーは通常、依存関係に基づいた権力を高圧的に行使することはなく、他の方法と組み合わせて報復の危険性を減らす。そうすれば、叱責や処罰した後のような気まずさやしこりを残すことなく、周囲に好影響を及ぼすことができる。

▼間接的に影響を及ぼす

賢いマネジャーは、人を動かすために間接的な方法も用いる。それには二つある。

第一に、まず直接的な方法に訴えて第三者に働きかけ、目指す相手にはその第三者から一定の影響が及ぶように仕向けるという方法がある。

プロダクト・マネジャーのスタインは、新製品（製品X）の生産に当たり、工場長のビリングズの承諾を仰ぐ必要があった。しかしビリングズは、その製品Xの価値を低く見ていた。スタインは、もはや話し合いではビリングズを説得できないと判断した。ビリングズはいっこうに話を聞こうとしないからである。時間をかければ、何とかなるかもしれない。しかし、そんな余裕はなかった。策を弄したり、目の前にうまい話をぶら下げたりしても、ビリングズは無意味な新製品の生産を承諾するような男ではない。ビリングズを無理やり承諾させようとするのはリスクが高く、そこまですることもないと考え、スタインは次のような行動に出た。

月曜日：ビリングズが私淑しているレイノルズを通じて、製品Xを高く評価している二種類の市場調査結果をビリングズに送った。「これをご覧になりましたか。けっこうびっくりさせられる内容です。全面的に信じてよいものかわかりませんが、それでも──」というメモを添えて。

火曜日：大口取引先に頼んで、ビリングズに電話をかけてもらい「風の噂で、製品Xを近々発売すると聞いたよ。相変わらず、やることに抜け目がないね」とさりげなく言ってもらった。

水曜日：会議までの待ち時間に、ビリングズから一メートルほど離れたところにエンジニアを二人立たせ、製品Xの良好な試験結果を話題にしてもらった。

木曜日：製品Xについてビリングズと話し合う場を設けた。彼が好感を抱いているか、または一目置いている人物で、かつ製品Xを評価している者だけを同席させた。

金曜日：ビリングズに会い、製品Xの生産を承諾するつもりがあるかと聞いてみた。もちろん、快く承諾してくれた。

このように、周囲の人を通じて間接的に攻めていく方法は、行動のみならず態度にも影響を及ぼすことができる。また、ほかの方法ではうまくいかなかった場合でも、成功する可能性が高い。

とはいえ、無視できない欠点もいくつかある。時間とエネルギーがかなり必要なうえ、リスクがきわめて高い。スタインのようなやり口はあまり感心しないというのが一般的な見解だろう。無意識のうちにこの方法を使っている者すら、そう思っている。だれかに利用されようとしている、あるいは、まんまと利用されたと感じた者は報復してくるかもしれない。そのうえ、「あいつは人をはめようとする」といった評判が立とうものなら、その権力も影響力も著しく損なわれる。操作するような人間と行動をともにしたいと思うような者はまずいないはずだ。

第三者の力を借りる側にすれば、「いや、真剣に説得しようとしている」と反論したいところだろうが、それを真に受ける者はまずいない。極端な場合、人を操作しようとしたという評判が立てば、そのキャリアも地に墜ちかねない。

第二の方法として、個人やグループの環境を変えて、その状況を維持することである。すなわち、職務職掌、業績評価制度、各種インセンティブ、仕事に必要な手段や協力者などの経営資源、ワーキング・グループの構成、行動規範や価値観などを変えるのだ。これらを意図するような内容に変更し、個人やグループに好ましい影響を及ぼすことができれば、マネジャーの影響力は長く維持されるだろう。

頭のよいマネジャーは、個人を取り巻くさまざまな条件を変えれば、その人の行動を変えられることを知っている。ほかの方法と異なり、この方法は、限られた資源を大量に動員する必要がない。不断の努力もそれほど必要でない。いったん変更してしまえば、マネジャーがあれこれ関与せずとも、好影響が広がっていく。

たいていのマネジャーが大なり小なり、この方法を使っているが、そこには限界がある。なぜなら、このような条件を変更するほどの権力は持っていないからだ。ほとんどの企業では、業績評価制度やさまざまなインセンティブ、組織構造などを変更できるのは経営陣だけである。

権力を賢く使うための七カ条

大きな権力を身につけ、これを行使し、他者との依存関係にうまく対応できるマネジャーには、いくつか共通する特徴が見られる。

❶権力を身につけ、行使するうえで、どのような行動ならば、周囲の目に「妥当である」と映るのかに敏感である。

優秀なマネジャーであれば、先の四種類の方法を身につけ、権力行使するにしても、相応の責任が伴うことを承知している。たとえば、豊富な経験や知識の持ち主であると認められ、大きな権力を手にした場合、その道の専門家であることが当然期待される。しかし、中級者程度であるとばれれば、おそらくは詐欺師と呼ばれ、権力を失い、上司から叱責も受ける。

また、組織に一体感が醸成されている場合には、理想のリーダーとして振る舞うことが期待される。この期待を裏切れば、その権力を失うだけでなく、当然のことながら、それまで信頼してくれた人たちから反感を買う。依存関係にかこつけて時間外勤務を要求したり、部下が納得できないやり口で権力を行使したりすると、周囲を敵に回すはめになることが多い。

❷周囲に好影響を及ぼすには、権力や方法を使い分ける必要があり、そのことを直観的に理解している。

ベテランの域にあるマネジャーならば、相手を見たうえで「この場合、どのような方法を使えば、最も効果的であるか」、敏感に判断できる。たとえば、専門家集団におのれの影響を及ぼすには、何よりも専門知識があると認められなければならない。さまざまな方法を一通り理解し、それぞれ何が可能で、どれくらいのコストがかかり、どのようなリスクを伴うのかを理解している。どのような場面でも、状況を具体的に把握し、その状況に適した方法を選択することで、初めて人を動かすことができる。

❸四種類の方法すべてをある程度行使し、図表4に挙げた方法すべてを用いる。

影響力あるマネジャーは、影響力が乏しいマネジャーと違い、複数ある方法のうち一部しか役に立たないとか、一部は道義に反するとか、考えたりしない。どの方法もしかるべき状況で用いれば、組織に悪影響を及ぼすことなく、組織の効率性を向上させる一助になることを承知している。

ただし、リスクの高い方法、機能不全を招きかねない方法は避ける傾向がある。それがどうしても必要な場合でない限り、周囲を抱き込み、だれかを孤立させるような真似はしない。

❹キャリア上の目標を定め、権力によって成果を上げられる地位を求める。

これまでの経験や能力を活かし、組織が直面している重要課題、たとえば地球環境問題などに対処する仕事を求める。そのような仕事で成果を上げれば、周囲に頼りにされ、専門知識の持ち主という評判も高まろう。また、自分の権力があまり発揮できない仕事は避ける。

❺持てる資源、公式・非公式の権力を総動員して、おのれの権力をさらに強化する。

エドワード・バンフィールドの例えを借りれば、現在の権力を未来の権力のために投資し、高い見返りが確実に得られる方法を探す。(注6) たとえば、だれかに二つの仕事を頼めば、予定より一日早く建設プロジェクトを完了できるかもしれない。人に大仕事を頼む場合、これまでの恩義によって積み上げてきた権力を一度使い果たすことになる。ただし、その見返りとして、組織内のだれからも、経験と知識が豊富なプロジェクト・マネジャーであると評価され、その評判も大いに高まろう。

投資と同じく、権力をこのように行使すると必ずリスクが伴う。どれほど優れたマネジャーであろうと、権力を投じたものの見返りがなかったという場合がある。しかし、優れたマネジャーはけっしてリスクを避けたりしない。それどころか、投資と同じく、良識の範囲内でリスクを求める。

❻熟慮し、自制しながら、権力志向の行動を取る。(注7)

よほど頭の悪い人でない限り、衝動的に権力に行使したり、みずからの地位や名誉のために権力を利用したりしない。

❼こうした方法を使って、他人の行動やワーク・ライフに、目に見えるかたちで影響を及ぼすことは、けっして不条理なことだとは思ったりしない。

有能なマネジャーは無能なマネジャーと異なり、権力を行使して人を動かすことに高い満足感を覚える。本稿で取り上げたテーマ、つまり、マネジャーとして難しい役割を果たし、成功するには、権力を確立し行使しようとする努力が絶対に必要であると認識しているのだ。このことはまさに本稿のメッセージそのものである。しかも、理屈抜きで直観的にそう確信していることが多い。

【注】

（1）
Charles A. Reich, *The Greening of America: How the Youth Revolution Is Trying to Make America Livable*, Random House, 1970.（邦訳『緑色革命』早川書房、一九七一年。一九八三年にハヤカワ文庫に収録）

（2）
Leonard R. Sayles, *Managerial Behavior: Administration in Complex Organization*, McGraw-Hill, 1964. また Rosemary Stewart, *Managers and Their Jobs*, Macmillan, 1967. および *Contracts in Management*, McGraw-Hill, 1976. を参照。

（3）
ヘンリー・ミンツバーグが発見した不可解な違いのタイプのことを言っている。彼の論文 "The Managers Job: Folklore and Fact," HBR, July-August 1975.（邦訳「マネジャーの職務：その神話と事実の隔たり」として『H・ミンツバーグ経営論』ダイヤモンド社、二〇〇七年に収録）を参照されたい。

（4）
このカテゴリーはジョン・R・P・フレンチとバートラム・ラベンが開発したものに近い。詳しくは "The Base of Social Power," *Group Dynamics: Research and Theory*, Dorwin Cartwright and Alvin Zandler ed., Harper & Row, 1968, Chapter 20. を参照。このカテゴリーのなかのうち三つはマックス・ウェーバーの言う「権威に基づく権力」に似ている。*The Theory of Social and Economic*

Organization, Free Press, 1947. を参照。

(5)
Richard E. Neustadt, *Presidential Power*, John Wiley, 1960. を参照。

(6)
Edward C. Banfield, *Political Influence*, Free Press, 1965. を参照。

(7)
David C. McClelland and David H. Burnham, "Power Is the Great Motivator," HBR, March-April 1976.（邦訳「パワー志向こそ優秀なマネジャーへの条件」『ダイヤモンド・ハーバード・ビジネス』一九七七年六月号、『ＤＩＡＭＯＮＤハーバード・ビジネス・レビュー』二〇〇三年四月号に「モチベーショナル・リーダーの条件」として新訳・改題）

第5章

上司をマネジメントする

Managing Your Boss

Managing Your Boss
HBR, January - February 1980.
ジョン J. ガバロ(John J. Gabarro)との共著論文。
初出「上司をうまく管理し仕事の効率を高める法」を新訳・改題
『ダイヤモンド・ハーバード・ビジネス』1980年6月号

「ボス・マネジメント」はなおざりにされている

「ボス・マネジメント」という言葉は、多くの人にとって、耳慣れない、あるいは怪訝に聞こえるのではないか。組織では、伝統的に上意下達が重んじられてきたため、なぜ下から上への関係を管理する必要があるのか、その理由は模糊としている。もちろん、個人的な理由や社内政治上の理由でそうするならば話は別である。しかし、政治的な駆け引きやゴマすりのことを申し上げているのではない。むしろ、あなた自身、あなたの上司、そして会社にとって最も望ましい結果となるように、意識して上司と一緒に働くプロセスとして、この言葉を使っている。

我々の研究によれば、できる管理職は、部下との関係だけでなく、上司との関係にも時間と労力を割いている(注)。また、上司とうまくやることは、マネジメントの重要な一部であるにもかかわらず、有能で上昇志向の強い人ですら、これをなおざりにしていることも、これらの研究は示している。実際、部下、製品、市場、技術については積極的で上手に管理しているが、上司にはほとんど受け身になっているマネジャーもいる。このような態度は、必ずと言ってよいほど、本人のみならず会社に悪影響を及ぼす。

上司との関係を管理することの重要性、あるいはそれを上手にやることの難しさにピンと来ないとすると、以下で紹介する、悲しくも示唆に富んだ話についてしばし考えていただきたい。

フランク・ギボンズは、業界でも製造の第一人者として知られ、収益の面から見ても優れたビジネス・リーダーであった。一九七三年、彼はその能力を買われて、業界第二位、収益性では第一位の企業の製造担当バイス・プレジデントになった。しかし、ギボンズは人使いが下手だった。彼自身もそのことを承知していたし、社内や業界でも有名であった。社長も彼のこの弱点を知って、他人と一緒に働くのが得意で、ギボンズが不得手な部分を補える者を部下につけた。これはみごと奏功した。

そして七五年、フィリップ・ボネビーは昇進して、ギボンズの部下になった。社長がボネビーを選んだのは、これまでと同じく、人づき合いがうまいという実績と評判があったからである。しかしこの選考に当たって、この社長は、彼はとんとん拍子に昇進してきたとはいえ、部下の管理が苦手な上司の下で働いた経験がないことを見逃していた。ボネビーはいつも「優」ないし「良」の上司と仕事をしていたのである。したがって、気難しい上司とどうにかやっていかなければならないという状況を知らなかった。ボネビーは後に、ボス・マネジメントも仕事の一つであるとは露ほどにも考えたことがなかったと認めている。

ギボンズの部下になって一年二カ月後、ボネビーは解雇された。その最後の四半期で、会社は七年ぶりに純損失を計上したのである。当時を知る関係者の多くが、いったい何が起こったのか、よくわからないと語っているが、これだけはわかっている。つまり、会社は社運を賭けた新製品を出そうとしており、営業、技術、製造の各グループがそれぞれの意思決定を慎重に調整しなければならなかったにもかかわらず、数々の誤解や悪意がギボンズとボネビーの間に生じたのだった。たとえば、ボネビーは「ギボンズさんは、新製品をつくるために新しい機械を使うという私の決定をご存じでしたし、了承もされていました」と主張する。かたやギボンズは「誓ってそんなことはない」と言う。そして「この製品の発売は、会社にとって短期的にはとても重要であり、大きなリスクは冒せないと、はっきりボネビーに言いました」と訴えた。

このような誤解が重なった結果、この計画は頓挫した。新しい工場が建てられたものの、技術部門が設計した新製品を、営業部門が望む数量で、また経営委員会が合意したコストで生産できなかったのである。ギボンズはこの失敗をボネビーのせいにした。また、ボネビーはギボンズを非難した。

言うまでもなく、この問題の原因は、ギボンズに部下を管理する能力が欠如していたことにある。しかし同様に、ボネビーにボス・マネジメントの能力が欠けていたことも関係しているとも説明できる。

指摘しておきたいのは、ギボンズがほかの部下とはいっさいトラブルを起こしていなかった点である。それに、ボネビーが支払った代償——解雇されたうえ、業界内での評判は失墜した——を考えると、ギボンズは部下の管理が下手だからと言ったところで、ほとんど慰めにもならない。そのことはすでにみんなが知っていたことだ。

ボネビーがギボンズのことをもっとよく理解し、彼との関係をもっと上手に管理していれば、状況は変わっていたはずである。今回は、ボス・マネジメント能力の不足がことのほか高くついた。会社は二〇〇万～五〇〇〇万ドルを失い、ボネビーのキャリアは、少なくとも一時的に台無しになった。ここまで高くつかないまでも、どこの大企業でも、同じような事例があるはずである。そして、それが積み重なった時、その影響はとてつもないものになる可能性がある。

上司と部下の関係にまつわる誤解

先のような話は、単なる性格の不一致とあっさり片づけられてしまうことが多い。二人の人間がいれば、時には気持ちや気性の面で一緒に働けないこともあるため、こう説明しておくのが手っ取り早い。しかし我々の研究によると、性格の不一致は問題の一部、時にはごくわずかな一部にすぎないことが多い。

ボネビーは、単にギボンズとは異なる性格の持ち主だっただけでなく、上司と部下の関係そのものについて、非現実的な前提と期待を抱いていた。具体的には、ギボンズとの関係について、過ちを犯しがちな人間同士でも相互に依存し合っていることを認識していなかった。このことがわかっていないと、部下はたいてい、上司との関係を管理するのを嫌がるか、うまく管理できないかのいずれかとなる。

人によっては、上司が部下にそれほど依存していないかのように振る舞う。このような人たちは、上司が仕事を成功させるために、どれくらい部下の助けや協力を必要としているかに無頓着である。このような行動のせいで、上司はひどく傷つく可能性があることも、また部下の協力や期待、実直な態度を求めていることを認めようとしない。

同様に、上司に頼ることなどほとんどないと考えている人もいる。彼ら彼女らは、仕事をうまくこなすには、上司の手助けや情報がいかに必要であるかを軽く見ている。このような浅はかな考え方は、管理職の場合、その仕事や意思決定が他部門にも影響を及ぼすため、とりわけダメージが大きい。ボネビーのケースもそうだった。上司は、部下が他部門と協力したり、その優先課題と会社のニーズをすり合わせたり、部下が成功するために欠かせない経営資源を確保したりするうえで、決定的な役割を果たす存在である。しかし、自分のことは自分で何とかしたい人もいれば、上司からの重要な情報や経営資源など必要ないという人もいる。

ボネビーをはじめ、多くの人が、部下がどのような情報や援助を必要としているのか、上司は魔法を使ったかのように察知し、それを用意してくれると考えている。もちろん、このように部下を気遣う素晴らしい上司もいるが、すべての上司にこれを期待するのは危ういくらい非現実的である。せいぜいささやかな援助程度と思っておくのが妥当であろう。上司もしょせん人間である。本当に優秀な人であれば、この事実を受け止め、自分のキャリアや能力開発についてみずから責任を負う。彼ら彼女らは、仕事に必要な情報や援助を上司が提供してくれるのを待つのではなく、みずから探す。

以上を踏まえると、過ちを犯しがちな人間同士が相互依存している状況をうまく管理するには、以下のことが必要と思われる。

- 相手と自分自身、特にその強みや弱み、ワーク・スタイル、ニーズをよく理解する。
- これらの情報に基づいて、仕事上の健全な関係、すなわち両者のワーク・スタイルや長所をそれぞれ尊重しながら、それぞれの期待を互いに理解し合い、それぞれが最も重視するニーズに応え合う関係を築き、これをうまく管理する。

そして我々は、できる管理職はこのように上司と協力していることを発見した。

上司を理解する

ボス・マネジメントのためには、自分の状況やニーズと同じく、上司と上司が置かれている環境についても十分に理解しなければならない。だれでもある程度はこうしているが、おざなりであることが多い。最低でも、上司の目標とプレッシャー、強みと弱みを理解しておく必要がある。

- 上司の組織上の目標、個人的な目標は何か。
- 上司へのプレッシャー、特に彼あるいは彼女の上司や他部門の上位者からのプレッシャーはどのようなものか。
- 上司の長所、盲点はどこか。
- どのようなワーク・スタイルを好むか。
- たとえばリポート、正式な会議、電話などによって、情報を入手しているのか。
- 対立を増長させるのか、それとも極力避けたがるのか。

このような情報がなければ、上司に対処するにも当てずっぽうになり、無用な争いや誤解、問題は避けられない。

▼目標とプレッシャー

我々の調査した例を一つ紹介しよう。素晴らしい実績のある名うてのマーケティング・マネジャーが、マーケティングと営業にまつわる問題を解決するために、ある企業のバイス・プレジデントに迎えられた。

同社は赤字に陥っており、より規模の大きな企業に買収されたばかりだった。そのため、社長は立て直しに懸命で、この新任マーケティング担当バイス・プレジデントに自由にやらせた。ただし最初のうちだけだったが――。これまでの経験に基づいて、このバイス・プレジデントは、市場シェアを高める必要があり、そのために優れた製品管理が欠かせないという的確な診断を下した。これに従い、彼は事業を伸ばすために、プライシングについてさまざまな決定を下した。

しかし、利益率が低下し、なかなか財務面が改善しないなか、社長はこの新任バイス・プレジデントにだんだん圧力をかけるようになった。このバイス・プレジデントは、市場シェアが戻れば、状況はいずれ好転すると考えており、これに抵抗した。

第2四半期になっても利益と利益率は上向かず、業を煮やした社長はすべての価格決定権を握り、数量の多寡にかかわらず、すべての製品価格を一定の利益率が出る水準に設定した。このバイス・プレジデントは社長に排斥されたと感じ始め、両者の関係は悪化していった。実のところ、このバイス・プレジデントは社長の行動をズレていると見ていた。残念ながら、社長の新しい価格体系でも利益率は改善されず、第4四半期には、社長もこのバイス・プレジデントも解任されてしまった。

この新任バイス・プレジデントが、マーケティングや営業面の改善は社長の目標の一つにすぎなかったことに気づいた時には後の祭りだった。社長にとっての直近の目標とは、会社の収益性を高めることだった。それも一刻も早く――。

このバイス・プレジデントはまた、上司である社長がこの短期的な目標を優先していたのには、ビジネス上の理由だけでなく、個人的な理由もあったことを知らなかった。社長は親会社のなかで今回の買収を強力に推し進めた人物であり、したがって彼自身の信用もかかっていたのである。

このバイス・プレジデントは、基本的な過ちを三つ犯した。まず言われたことを額面通りに受け取ったこと、次に未知の領域にもかかわらず憶測したこと、そしてこれが最も問題なのだが、上司の目的が何かをすすんで知ろうとしなかったことである。その結果、彼は社長の優先順位や目的と食い違う行動に出てしまった。

上司とうまくやれる人は、このように振る舞ったりしない。次のように行動する。

●上司の目標、課題、プレッシャーに関する情報を収集する。
●上司やその周囲の人間に尋ね、自分の仮説を検証するチャンスを逃さない。
●上司の行動から読み取れるヒントに注意を払う。

これらは、新しい上司と働き始める際に欠かせないことだが、優秀な人はこれを怠らない。上司の優先順位や関心事は変化することを心得ているからである。

▼強みと弱み、ワーク・スタイル

特に新しい上司の場合、そのワーク・スタイルに敏感であることが重要である。たとえば、ざっくばらんで直観型の社長から、まめで形式を重んじる社長に代わったとしよう。この新社長は、書面で報告書を受け取るのが何より好きで、あらかじめ議題の決まっている正式な会議を好んだ。

ある事業部長がこのニーズに気づき、どのような情報や報告書を、どれくらいの頻度で必要とするのかを探るため、この新社長と一緒に行動してみた。さらに彼は、社長と話し合う時には、事前に背景情報や大まかな議題を送った。

このような下準備のかいあって、打ち合わせはうまくいった。しかも、入念に準備しておけば、ざっくばらんで直観型の前任者よりも、この新しい上司のほうがずっとブレーンストーミングが上手であることもわかった。

対照的に、別の事業部長は、この新しい上司のワーク・スタイルが前任者のそれとどう違うのか、十分理解しようとしなかった。気づいてはいたとしても、やりすぎだと感じていた。彼は、新社長が必要とするような背景情報を事前に送ることはなく、社長はこの事業部長との打ち合わせでは、準備が足りないと感じていた。事実、打ち合わせの際、事前に知ることができたはずの情報を引き出すことに、社長は時間の多くを費やさなければならなかった。社長はこのような打ち合わせをもどかしく、非効率であると感じており、部下のほうは社長の質問に慌てふためくことがたびたびだった。結局、彼は辞職してしまった。

これら二人の事業部長の違いは、能力の差でも適応力の差でもない。上司のワーク・スタイル、そして上司のニーズが意味することに敏感かどうかだけである。

自分自身を理解する

上司は、関係の一方にすぎない。あなたは、そのもう片方であり、自分自身は上司よりもみずから管理しやすい存在である。上司と仕事上有意義な関係を築くには、あなた自身のニーズ、強みと弱み、スタイルを知ることが欠かせない。

▼スタイル

基本的な人格構造は、自分のそれも上司のそれも変えることはできない。しかし、上司と一緒に仕事をするうえで、自分のなかでその妨げ、あるいは助けになっているものは何かを知ることで、この関係をより実りあるものにすることは可能である。

我々が観察した例では、あるマネジャーとその上司の間では、意見が食い違うたびに一悶着あった。この上司は、態度を硬化させ、それをことさら誇張するのが常だった。すると、マネジャーはさらに要求を引き上げ、自分の正当性をいっそうまくし立てた。その際、とにかく上司の前提条件の論理的矛盾を挙げつらい、怒りをぶつけた。対する上司は、ますますかたくなになって、最初の姿勢を崩さない。予想通り、互いにエスカレートしたことで、部下であるマネジャーは上司ともめそうな話題はできるだけ避けるようになった。

このことについて同僚たちと話すなかで、このマネジャーは上司への自分の態度が、自分がだれかに反論された時の反応と同じであることに気づいた。ただし、一点だけ違っていた。彼の態度に同僚たちは圧倒されるのに、上司はそうならなかったのである。

この問題について上司とも話し合おうとしたが、うまくいかなかったため、彼は次のように結論づけた。状況を変えるには、自分の反射的な反応を制御するしかない――。議論が暗礁に乗り上げると、彼は自分の短気を抑え、「今日はいったんお開きにしませんか。もう一度考え直したうえで、またお声をかけます」と提案した。こうして、議論を再開した時には、どちらも互いの相違点を理解し、うまく折り合えるようになった。

このレベルの自己認識に達し、それに基づいて行動するのは一筋縄ではいかないが、けっして不可能ではない。たとえば、ある若手マネジャーはこれまでを振り返り、自分以外の人が関係する、やっかいで感情的な問題に対処するのが苦手であることに気づいた。自分はこの種の問題を毛嫌いしており、反射的に対応していて丸く収まらないと悟り、彼はそのような問題が生じた場合には上司に相談する癖をつけた。二人で話すと、自分だけでは思いつかなかったアイデアやアプローチが必ず浮かんできた。多くの場合、上司の支援策も具体的に決められた。

▼上司への依存

上司と部下の関係は持ちつ持たれつの関係とはいえ、部下のほうが上司に依存していることが多い。それゆえ部下は、自分の行動や選択肢が上司の判断によって制約を受けると、それなりのフラストレーション、時には怒りを感じる。これは当たり前のことで、いかに良好な関係でも起こりうる。このようなフラストレーションにどのように対処するかは、部下の上司への依存傾向によって異なる。

このような状況に直面すると、反射的に上司の権威にムッとして、その決定に逆らう人もいる。度を越えた対立に発展する場合もある。このタイプの人は、制度を利用してじゃまをする敵と見なし、無意識のうちに上司に「戦いのための戦い」を挑むことが多い。制約を課されると、彼ら彼女らは激しく反応し、時には直情的になる。そして、上司のことを、その役割からして、行く手を阻む者であり、避けて通るべき障害、またはせいぜいやりすごすべき障害と考える。

心理学者はこのような反応を「反依存行動」と呼ぶ。反依存型の人は、たいていの上司にとって管理しづらく、上司と緊張した関係にあった経験があるものだが、この手の部下は、上意下達の上司や権威を振りかざした上司とトラブルを起こしやすい。上司に反感を抱いて行動すると（陰険な態度を示すことが多い）、その上司は本当に敵と化すことがある。部下の心に潜む敵意を感じた上司は、部下やその判断を信頼しなくなり、心を閉ざすようになる。

逆説的であるが、こうした反依存的な傾向が見られる部下は、自分より下の者にはよき管理職であることが多い。部下へのサポートを得るために奔走し、すすんで部下たちを手助けする。

その対極が、上司がまずい意思決定を下した時にも、ぐっと怒りをこらえ、きわめて従順に振る舞う部下である。このタイプの人は、反論が待たれている場合や、上司にさらなる情報を提供すればあっさり翻意しそうな場合でも、上司に追従する。目の前の状況について関わりたくないため、彼ら彼女らの反応は反依存的なマネジャーと同じように偏ったものになる。上司を敵と見なすどころか、自分の憤りを否定し――反依存的マネジャーとは反対である――上司のことを、自分のキャリアに責任を負っており、必要な時にはいつでも自分を導き、上昇志向の強い同僚たちから守ってくれる全知全能の保護者のように考える傾向がある。

反依存型、過剰依存型のいずれも、非現実的な上司観を抱いている。どちらも、上司もほかの人たち同様、不完全で間違いを犯す存在であることを無視している。上司は、無限の時間や百科事典並みの知識、さらには超能力の持ち主ではない。また、悪魔のような敵でもない。上司もプレッシャーや心配事を抱えており、それらは部下が望むところと相容れない場合もあるが、その大半に正当な理由がある。

上司への態度、とりわけこれら両極端の人々のそれを変えるには、集中的に心理療法でも受けさせない限り無理だろう。精神分析の理論と研究によれば、そのような態度や傾向は、人格や幼少期の環境に根差しているという。しかし、この両極とその幅を知れば、自分はどの辺りなのか、上司との関係において自分の行動にどのような影響が及ぶのかを理解するうえで役に立つだろう。

自分には反依存の傾向があると思うなら、どのような反応や過剰反応が出やすいのかを理解しておく、場合によっては予測しておくとよい。逆に、過剰依存の傾向があるならば、何でも従ったり、現実の相違点と向き合えなかったりすることで、あなたと上司の能力がどれくらい損なわれているか、自問してみるとよい。

上司との関係を構築し管理する方法

上司と自分自身について深く理解すれば、双方にふさわしい、しかも双方の生産性と実効性を向上させるやり方で、たいてい一緒に働けるようになるものだ。そのような関係を形づくる要素について、**図表5**「ボス・マネジメントのチェック・リスト」にまとめてみたが、以下ではそのいくつかについて説明したい。

図表5▶ボス・マネジメントのチェック・リスト

上司や上司の置かれた状況を理解するようにする

- [ ] 上司の目標や目的
- [ ] 上司へのプレッシャー
- [ ] 上司の強みや弱み、盲点
- [ ] 上司のワーク・スタイル

あなた自身やあなたのニーズを評価する

- [ ] あなた自身の強みと弱み
- [ ] あなた自身のスタイル
- [ ] あなた自身の上司への依存傾向

以下のような関係を構築・維持する

- [ ] あなたのニーズにもスタイルにも合う。
- [ ] 互いに期待し合っている。
- [ ] 上司にたえず情報を提供する。
- [ ] 信頼と誠実さに支えられている。
- [ ] 上司の時間や資源を使い分ける。

▼ワーク・スタイルの共存

何にもまして上司と良好な関係を築くことで、ワーク・スタイルの違いも気にならなくなる。我々が調査した例では、上司が会議中、よく上の空になったり、時には無愛想になったりすることに、部下の一人が気づいた。なお、彼と上司の関係は比較的良好である。この部下は詮索好きで、話があちこちへ飛ぶ傾向があった。実際、背景となる要因、別のアプローチなどを説明するにも、本題から脱線することもしばしばだった。一方の上司は、むしろ最低限の背景情報で問題を検討したいタイプで、部下が目の前の議題から脱線するたびにイライラし、気が散っていた。

スタイルの違いに気づいたこの部下は、この上司が出席する会議では、努めて単純明快に意見を述べるようにした。そのために、大まかな議題を事前に書き出し、これを会議の手引きとした。また、話を脱線させる必要があると感じた時は、その理由を説明した。このように自分のスタイルを少し変えたことで、会議の生産性が高まり、双方のフラストレーションも減った。

上司はどのように情報を受け取るのを好むのか、それに応じて、部下は自分のスタイルを調整できる。ピーター・F・ドラッカーは、上司を「聞くタイプ」と「読むタイプ」に分けている。読んで理解できるように報告書で情報をもらうのを好む上司もいれば、質問ができるように直接報告させる上司もいる。ドラッカーが指摘するように、どうすべきかは明らかである。

聞くタイプの上司であれば、とりあえず直接報告してから、メモでフォローするとよい。逆に読むタイプならば、メモや報告書で重要な項目や提案に触れたうえで、その件について話し合うとよい。

上司の意思決定スタイルに応じて調整することも可能だ。解決すべき問題や決定すべきことが持ち上がると、すすんで首を突っ込んでくる上司がいる。現場の実態を把握しておきたいため、こうして深く関わろうとする。通常、このような場合、事あるごとに上司に相談しておけば、彼ら彼女らのニーズも、またあなた自身のニーズも十分満たされる。何でも関わろうとする上司は、どっちにせよ、関わってくるものだ。だからこそ、あなたが主導権を握り、上司を巻き込むことでメリットが得られる。他方、むしろ権限委譲して、自分はあまり関わろうとしない上司もいる。大きな問題が生じた時、重要な変化が起こった時に教えてもらえればよいと考えているのだ。

良好な関係を築くには、互いの強みを活かし、互いの弱みを補うことが欠かせない。我々が調査した管理職の一人は、上司であるエンジニアリング担当バイス・プレジデントが現場スタッフの問題をちゃんと監視できていないため、自分がこれをやろうとした。ただし、リスクは小さくなかった。エンジニアや技術者は全員労働組合員であり、とはいえ会社は顧客と結んだ契約を守らなければならない。また、深刻なストライキが起こったばかりでもあった。

この管理職は、上司、生産計画部門、人事部門と密接に協力して、潜在的な問題を回避できるように尽力した。そして、どのような人事方針や配属方針の変更についても、上司が彼と一緒に検討してから行動を起こすように、非公式なルールをつくった。上司は彼の忠告を尊重し、部門業績と労使関係が改善されたのは彼のおかげであると評価した。

▼相互期待

上司は何を期待しているのか承知していると断言できない部下は、苦労することになる。もちろん、自分が期待するところを具体的かつ詳細に説明する上司もいるかもしれないが、ほとんどの人がそうはしない。たいていの企業に、正式な計画立案プロセス、キャリア・プランや人事考課など、期待するところを伝える仕組みがあるとはいえ、けっしてこれで安心できるわけではない。それに、これら正式な制度の合間にも、上司が期待することはおのずと変わっていく。

つまるところ、上司の期待を見極めるのは部下の仕事なのだ。そのような期待は、たとえば「上司がどのような問題を、いつ知らせてほしいと考えているか」など広範であり、また「いつまでにプロジェクトを完了すべきか。それまでにどのような情報を必要としているのか」など、非常に具体的でもある。態度がはっきりしない上司に期待を公言させるのは難しいだろう。

しかし、優秀な部下は、これを知る方法を探す。仕事の重要ポイントを網羅した詳細なメモを作成し、それを上司に渡してチェックしてもらうという人もいるだろう。そのうえで上司と直接話し合い、メモに書かれた各項目を一つひとつ確認する。このような議論によって、たいてい上司の期待はほぼ明らかになる。

あるいは、「よいマネジメントとは何か」や「我々の目標とは何か」などについて、非公式に話し合う機会を継続的につくることで、期待を口にしない上司に対処するという部下もいるだろう。また、上司と一緒に仕事をしたことのある人、あるいは上司がその上司への約束を表明している予算や事業計画など、間接的に役に立ちそうな情報を探し出す人もいる。いずれのアプローチを選ぶかは、言うまでもなく、あなたが上司のスタイルをどのように理解しているかによる。

本当に互いに期待し合うためには、あなたの期待を上司に伝え、それが現実的かどうかを確認し、あなたにとって重要な期待を上司に受け入れさせる必要がある。また、上司がやたら頑張る人の場合、上司にあなたの期待をわかってもらうことがとりわけ重要である。そのような上司は、ともすれば非現実的に高い基準を設定するため、現実に合わせて調整する必要があるからだ。

▼情報の流れ

上司が部下の仕事に関する情報をどれくらい必要とするかは、その上司のスタイル、彼が置かれている状況、部下への信頼度によって大きく異なる。しかし、部下が当たり前のように提供している以上の情報を上司が必要としていることは珍しくなく、また上司が実際以上に情報を知っていると部下が買い被ることもしかりである。

優秀な人材は、上司が必要としている情報量を過小評価しているのではないかと考え、上司のスタイルに見合った方法で十分な情報を提供できるように努める。何か問題が生じて、これに耳をふさぐような上司の場合、どのように情報を上げるのか、その流れを管理するのは特に難しい。大半の人が否定するだろうが、上司という人種は「よいニュースだけ聞きたい」というシグナルを発していることがよくある。問題が起こったと聞けば、たいてい言葉には出さないものの、とても不機嫌になる。これまでの実績とは無関係に、面倒を持ち込まない部下を高く評価することすらある。

しかし上司たる者、やはり会社や部門のためにも、また自分の上司や部下のためにも、成功だけでなく失敗にも耳を傾けなければならない。上司が朗報ばかり求めるため、伝えなければならない情報を間接的に知らせる方法を探す部下もいる。MIS（経営情報システム）などはその一つである。そのほか、よいニュースであれ悪いニュースであれ、潜在的な問題を見つけたら、すぐさま報告している部下もいる。

▼信頼性と誠実さ

上司にすれば、頼りにならない部下、仕事がいい加減な部下ほど困ったものはない。わざと頼りないふりをしている人はいないだろうが、多くの人が、上司の優先順位を見落としたりわかっていいなかったりするため、不覚にもそうなっている。読みが甘くても、とにかく納品日を約束すれば、当座は上司を喜ばせられるだろうが、これを守れなければ上司の不興を買いかねない。何度も締め切りを破る部下を信用するのは、上司にすればできない相談というものだ。

ある社長が部下の一人を評して、こう述べている。「素晴らしい結果を出す回数が減ってもかまわないので、むしろ確実性を望みます。そうすれば少なくとも信頼できるのですが――」

わざと上司にいい加減な態度を取る人もそうはいない。しかし、本当のことを少し隠して、問題を些細なことに見せるのは簡単である。いまある懸案が将来大問題に発展することはよくあることだ。部下の言うことをかなり正確に読み取れたにしても、それが当てにならないとすれば、上司がうまく仕事を切り盛りするのは不可能に近い。いい加減さは部下として何よりやっかいな特性である。なぜなら、それは信頼を失うからだ。そもそも信用できないとすると、上司は部下の決めたことをすべてチェックせざるをえないと思い、権限委譲が難しくなる。

▼上司の時間と資源の使い方

おそらく上司も、あなたと同じように、時間やエネルギー、影響力に限りがある。上司に何かを頼むたびに、これらの資源がいくばくか減っていく。したがって、これらの資源は選んで利用するのが賢明だろう。当たり前のように聞こえるかもしれないが、いかに多くの人たちが、比較的些細な問題で上司の時間（と自分自身の信頼）を消耗していることか。

一例を挙げよう。あるバイス・プレジデントは、他部門のおせっかいな秘書をクビにしようとして、上司にあれこれ働きかけた。上司はそのために、けっこうな労力を使わなければならなかった。言うまでもなく、その部門の責任者は愉快ではない。後日、もっと重要な問題に取り組むなかで、そのバイス・プレジデントは問題にぶち当たった。その部門のスケジューリングおよび管理方法の変更が必要だったが、この些細な問題のために伝家の宝刀を抜いたため、彼自身と彼の上司は評判を落としており、もっと大切な目標を達成するのが難しくなった。

ほかにもやらなければならないことがあるのに、上司との関係を管理することにも時間と労力を割かなければならないのか――。こう憤慨する人もいるに違いない。そのような人は、ボス・マネジメントがいかに重要であるか、また潜在的な大問題がなくなることでいかに仕事が楽になるかをわかっていない。優秀な人は、この仕事が理にかなっていることを認識している。

このような人たちは、自分の業績への責任を負うのは最終的に自分であると考えているため、自分が依存している人たちともれなく良好な関係を築き、それを管理しなければならないことを承知している。もちろん、そこには上司も含まれる。

【注】
John J. Gabarro, "Socialization at the Top: How CEOs and Their Subordinates Develop Interpersonal Contracts," *Organizational Dynamics*, Winter 1979. ならびに John P. Kotter, *Power in Management*, AMACOM, 1979.（邦訳『パワー・イン・マネジメント』白桃書房、一九八一年）を参照。

第6章

マネジャーの日常

What Effective General Managers Really Do

What Effective General Managers Really Do
HBR, November-December 1982.
初出「有能なゼネラル・マネジャーのチャレンジ　多様な業務をどうこなすか」を新訳・改題
『ダイヤモンド・ハーバード・ビジネス』1983年5月号

あるリーダーの一日

以下に紹介するのは、投資顧問会社の社長を務めるマイケル・リチャードソン（以下すべて仮名）の典型的な一日である。

七時三五分 マイケル・リチャードソンは――通勤時間は短い――出社して、ブリーフ・ケースの中身を取り出し、コーヒーを飲んだ後、トゥ・ドゥ・リストに取りかかる。

七時四〇分 ジェリー・ブラッドショーが出社する。彼の執務室はリチャードソンの隣で、その仕事は社長を補佐することである。

七時四五分 リチャードソンは、ブラッドショーといろいろなことを話す。彼に最近別荘で撮影した写真を見せる。

八時 二人は、今日のスケジュールや優先事項について話し合う。その際、顧客や社員にまつわる問題――一〇以上ある――にも触れる。

八時二〇分　部下の一人であるフランク・ウィルソンが訪れ、ここに加わる。人事にまつわる問題について二、三質問する。二人のやり取りは単刀直入で、冗談を交えながらテンポよく進んでいく。

八時三〇分　リチャードソンの上司である会長のフレッド・ホリーが訪れ、この会話に加わる。彼は一一時の約束について尋ね、またいくつか別の話題を持ち出した。

八時四〇分　リチャードソンがコーヒーをもらいに席を立つ。ブラッドショー、ホリー、ウィルソンは会話を続けている。

八時四二分　リチャードソンが戻ってくる。自分の部下ではないスタッフが顔を出し、あいさつしていく。

八時四三分　三人が退室する。その際、ブラッドショーが報告書を机に置き、その説明書きをリチャードソンに手渡した。

八時四五分　リチャードソンの秘書ジョアン・スワンソンが出社する。二人は、彼女の新しいアパートや午前中の会議の準備について話す。

八時四九分　昨日連絡するように伝えておいた部下から、折り返しの内線がかかってくる。リチャードソンがいましがた受け取った報告書について話し合う。

八時五五分　リチャードソンは部屋を出て、ある部下が主催する定例の早朝会議に出席す

九時〇九分 る。出席者は三〇人ほど。会議の間、リチャードソンは資料に目を通す。

九時一五分 会議終了。出席者の一人を呼び止め、しばし会話する。
そのまま、渉外担当の部下のところに向かう。リチャードソンの上司である
ホリーも一緒である。三人は、ちょっと前にこの渉外担当者にかかってきた
電話について意見を交わし、その件にどう対処するかを話し合う。これまで
同様、その会話は冗談交じりで、テンポが速い。

九時三〇分 リチャードソンは自室に戻り、見込み客でもありサプライヤーでもある会社
の副会長と会う。この会社の担当者も同席する。打ち合わせは終始なごやか
で、話題は自社商品からアメリカの外交問題まで、多岐にわたった。

九時五〇分 来客の副会長と担当者が退室する。リチャードソンはブラッドショーの部屋
につながるドアを開けて、彼に一つ質問する。

九時五二分 秘書が訪れ、五つほど用件を伝える。

九時五五分 ブラッドショーがやってきて、ある顧客について尋ね、またすぐ退室する。

九時五八分 渉外担当のウィルソンが部下を数人連れてやってくる。彼はリチャードソン
にメモを手渡し、法律上の問題について話し合う。ウィルソンはリチャード
ソンが暫定的に下した決定に納得しておらず、再考を促した。あれこれ二〇

分ほど話し合った末、次の対応について合意し、翌朝九時にまた話し合うことにした。

一〇時三五分 彼らが退室する。リチャードソンは机の上の書類に目を通す。そのなかの一つを手にして、ホリーの秘書に前回の役員会について尋ね、いくつか修正を依頼する。

一〇時四一分 秘書のスワンソンが、病気の友人に贈るカードを持ってくる。リチャードソンは、そのカードにメッセージを書く。

一〇時五〇分 短い電話の後、再び机の上の書類に目を通す。

一一時〇三分 ホリーが訪れる。二人が話し始めようとすると、リチャードソンに電話が入る。電話を終えると、送った手紙が届いていない人がいることを秘書に伝え、もう一度送るように依頼する。

一一時〇五分 ホリーがいくつか問題を持ち出すと、そこにブラッドショーが現れる。三人は、ここのところ仕事ぶりが問題視されているジェリー・フィリップスについて話し合う。ブラッドショーが、彼のここ数日の様子について説明し、二人はいくつか質問する。しばらくしてリチャードソンはメモを取り始める。三人はこれまで同様、速いテンポでざっくばらんに意見をやり取りする。三人は問題の本質を明らかにし、おおまかな対応策をまとめる。途中何度か脱線し、話が行ったり来たりするも、どうにかこうにか次の行動について意見の一致を見る。

一二時
自分とブラッドショーの昼食を注文する。ブラッドショーが訪れ、案件を一〇件ほど相談する。ウィルソンが顔を出し、先に話し合った点についてはすでに対応済みであると報告する。

一二時一〇分
スタッフの一人が、リチャードソンが頼んだ計算の結果を持ってくる。彼女に礼を言い、しばし談笑を交わす。

一二時二〇分
昼食が届く。リチャードソンとブラッドショーは会議室で、それを食べる。食べながら、仕事や仕事以外のことを話し、互いの冗談を笑い合う。食べ終わる頃には、有望顧客に話は移っていた。

一三時一五分
二人はリチャードソンの部屋に戻り、この顧客について話を続ける。ブラッドショーは、この顧客へのプレゼンテーションの詳細について、メモに書き留める。ブラッドショーが退室する。

一三時四〇分
マーケティング用の新しいパンフレットに目を通す。

一三時五〇分
ブラッドショーが再び訪れ、この顧客へのプレゼンテーションについてその詳細を詰める。ブラッドショーが退室する。

一三時五五分
部下のジェリー・トーマスが訪れる。彼はこの日の午後、リチャードソンの部屋で何人かの人事評価をすることになっていた。どのように評価するかについて簡単に打ち合わせする。

一四時
まず、トーマスの部下であるフレッド・ジェイコブスが訪れる。トーマスが、その年度のジェイコブスのボーナス額とその理由を説明する。次に、三人で次年度のジェイコブスの役割について話し合う。おおむね全員が納得し、ジェイコブスは退室する。

一四時三〇分
ジェーン・キンブルが訪れる。ジェイコブスに続いて、評価面談を行う。リチャードソンはキンブルにいくつか質問し、いろいろな部分をほめた。面談は終始なごやかで、全員が納得するものだった。

一五時
ジョージ・ヒューストンが訪れ、彼の評価面談を行う。

一五時三〇分
ヒューストンが退室すると、リチャードソンとトーマスは、評価面談が思うようなものだったかを確認した。トーマスの部下たちについても話し合う。トーマスが退室する。

一六時四五分
電話があり、手短に応答する。秘書とブラッドショーが要望をまとめたリストを持ってくる。

一六時五〇分　リチャードソンは、ジェリー・フィリップスからの内線を受ける。一一時のフィリップスとのミーティングのメモを見る。二人は、打ち切りになった取引、不満を抱えている部下、だれがだれに何をしたのか、そしてどう対処すべきかについて、電話であれこれ話した。話は長くなり、堂々めぐりで、時折感情的になったりすることもあった。最終的にフィリップスは、今後の対応についてリチャードソンと合意し、感謝の言葉を述べて電話を切った。

一六時五五分　ブラッドショー、ウィルソン、ホリーがそろって訪れる。それぞれ今日話し合った問題について対応中である。リチャードソンは三人に、フィリップスとの電話内容について簡単に説明する。その後、ブラッドショーとホリーは退室する。

一七時一〇分　リチャードソンとウィルソンは、三ないしは四つの案件を、簡単に話し合う。

一七時二〇分　ジェリー・トーマスが訪れる。彼は新たに持ち上がった人事上の問題について説明し、三人で話し合った。会話はだんだんくだけた調子になっていく。三人は講じるべき措置について合意する。

一七時三〇分　リチャードソンは帰り支度をする。その間、五人の社員があいさつに立ち寄った。

一七時四五分　退社。

以上、リチャードソンの一日を紹介したが、その行動は、他の経営行動に関する研究結果とも一致しており、これは職位の高いマネジャーの典型といえる。とはいえ、マギル大学教授のヘンリー・ミンツバーグが指摘しているように、（注1）少なくとも表面上は、これまで常識とされてきたリーダーの行動、あるいはリーダーのあるべき行動とは言いがたい。

経営行動を、「プランニング」「組織づくり」「統制」「指示命令」「人材配置」といったカテゴリーで語るのは難しい。トップ・マネジメントについては、どうやらこのような分類は適していないようである。実際、優秀なリーダーは、このような行き当たりばったりのやり方でプランニングや組織設計を行っている。

優秀なリーダーの仕事のやり方

優秀なビジネス・リーダーはなぜこのように行動するか、これを理解するには、まず、次のような基本的な問題とジレンマについて認識しておく必要があるだろう。これらは、彼らの仕事の大半に共通するものである。

●不確実、かつ考慮すべき情報が山ほどある状況において、やるべきことを見極める。
●直属の部下ではない、さまざまな部門の社員の力も借りて目標を達成する。

どちらも、「計画立案」「人材配置」「組織づくり」「指揮」「統制」といった従来のマネジメント機能に大きな影響を及ぼすものである。このために、優秀なビジネス・リーダーは「課題《アジェンダ》づくり」と「人脈づくり」に努める。

優秀なビジネス・リーダーは、みずからすすんで情報（ここには悪いニュースも含まれる）を収集し、巧みに質問し、複数の目的を達成するうえで役に立ちそうな計画やプロジェクトを探し出す。

▼課題づくり

ビジネス・リーダーたちは、新しい職務に就いて半年から一年の間、どのような課題を設定すべきか、その検討にかなりの時間をかける。ただし一度決めたら、その後修正することはあ

図表**6-1**▶一般的なビジネス・リーダーの課題

重要課題	短期(0〜1年)	中期(1〜5年)	長期(5〜20年)
財務	財務全般における四半期目標と年度目標の詳細なリスト。	今後5年間の売上高、利益、ROIに関する具体的な目標。	10〜20年後の売上げやROIの目標に関する漠然とした イメージ。
製品と市場	各製品の市場 シェア、各製品ラインの在庫水準などに関する目標と計画。	たとえば「何年までに新製品を3つ上市する」「通信業界での買収機会を探る」など、事業を拡大させるための目標と計画。	ビジネス・リーダーが今後伸ばしたいと考えている事業(製品と市場)に関する漠然としたイメージ。
組織	「スミスの後任者をすぐ見つける」「ジョーンズを5カ年目標に全力投入させる」といった事柄のリスト。	「何年までに大規模な組織再編をやらなければならない」「何年までにコリーの後任者を見つける」などのリスト。	ビジネス・リーダーが考える企業像と今後要求されるマネジメント能力に関する、漠然としたイメージ。

まりない。

優秀なリーダーは、新しい課題を考え出すが、これは、自分に課せられた「短期」「中期」「長期」の責任と何かしら関連する目標や計画から成っている。このような課題は通常、「財務」「製品と市場」「組織」に関する広範な問題に対応している。また、曖昧な課題と具体的な課題が混在している（**図表6-1**「一般的なビジネス・リーダーの課題」を参照）。

ほとんどの企業で、予算や経営計画を作成するためのプロセスがある。しかし、ビジネス・リーダーの課題には、正式な予算や経営計画にはない目標や優先事項、戦略、ならびに計画が含まれている。ただし、会社の経営計画とビジネス・リーダーの課題が相容れないというわけではない。とはいえ、少なくとも次の三つが異なっている。

●会社の経営計画では、たいてい具体的な財務数値に言及している。一方、ビジネス・リーダーの課題では、財務目標はここまで詳細ではなく、むしろ事業や組織に関する戦略や計画は子細にわたる。

●会社の経営計画は通常、短・中期（三カ月～五年）を対象にしているが、ビジネス・リーダーの課題は時間軸に幅がある。目の前（一カ月以内）のことに対応するものもあれば、かなり長期（五～二〇年）のものもある。

●会社の経営計画は、多くの場合、具体的で厳密、かつ論理的であり、とりわけ各種の財務数値についてそうである。一方ビジネス・リーダーの課題は、関連性が曖昧な目標や計画が並んでいることが多い。

ビジネス・リーダーたちは、就任する前ではないにせよ、新たな職務に着任すると同時に、課題づくりに取りかかる。日々情報を入手しながら、担当する事業や部門に関する知識を活用して、具体的な戦略と計画と一緒に、おおまかな課題――通常それぞれ関連しており、未完成の目標である――を考える。その後、さらに時間をかけて情報収集し、これらの課題を完成させ、それぞれ関連づける。

課題を考えるための情報を収集するに当たり、優秀なビジネス・リーダーは、雑誌や書籍、リポートなどよりも、意見交換を重視する。その相手は、仕事上関係の深い人物であるが、必ずしも、たとえば企画担当スタッフなど一般に考えられる業務や職能の担当者とは限らない。こうしてビジネス・リーダーたちは、会議だけでなく、日々情報を入手している。その際、事業や組織、経営全般に関する最新知識を踏まえて、漠然とした質問や一般的な質問ではなく、率直な質問を投げかける。

必要な情報がそろうと、課題づくりに着手する。どのような課題になるかは、ビジネス・リーダーが慎重に（あるいは分析に従って）考えた結果であったり、無意識のうちに（あるいは直感的に）下したものだったりする。この意思決定プロセスは、たいていビジネス・リーダーの頭のなかで行われる。実際、どのような課題を選ぶかの判断は目に見えないプロセスであることが多い。

課題に取り組むうえで、どのような活動が必要になるのかを判断するに当たっては、複数の目標が達成可能で、他の目標や計画と矛盾せず、自分の権限でやれるものを探す。これらの基準を満たさないプロジェクトや計画は、いかに重要でも、またいかに論理的に正しくとも、却下されるか、少なくとも認められることはない。

▼人脈づくり

課題づくりに加えて、優秀なビジネス・リーダーは、新たな課題を解決していくうえで欠かせない人たちと協力関係を築くために、人脈づくりに時間とエネルギーを傾ける。人脈づくりは、もっぱら就任後の一カ月間において集中的に行われる。その後、ビジネス・リーダーの関心は、この人脈を活用して課題に取り組むこと、そして課題を適宜見直すことに移っていく。

人脈づくりの対象は、直属の部下だけではない。ビジネス・リーダーたちは、同僚や外部関係者、上司の上司、部下の部下とも協力関係を築く。事実、依存関係にあると思われる何百(時には何千)という人たちにも人脈を広げ、その関係を深めていく。ビジネス・リーダーたちは、課題——概して会社の予算や経営計画とは違っているが、矛盾するものではない——を考えるために、会社が決めた組織構造に縛られることなく、とはいえ尊重しつつ、人脈を広げていく(**図表6-2**「ビジネス・リーダーの人脈」を参照)。

人脈の中身はさまざまで、ビジネス・リーダーたちは、いろいろな方法で人脈を広げていく。便宜を図ったり、あるいは上下関係に訴えたりすることで、恩義や義務を負っているという意識を人々に植えつける。また、全員が一つになれるように働きかける。時間をかけて「仕事ができる人物」という評判を高めていく。資源や支援を得たり自分のキャリアを開発したりするうえで大きく依存していると思わせる。

図表6-2▶ビジネス・リーダーの人脈

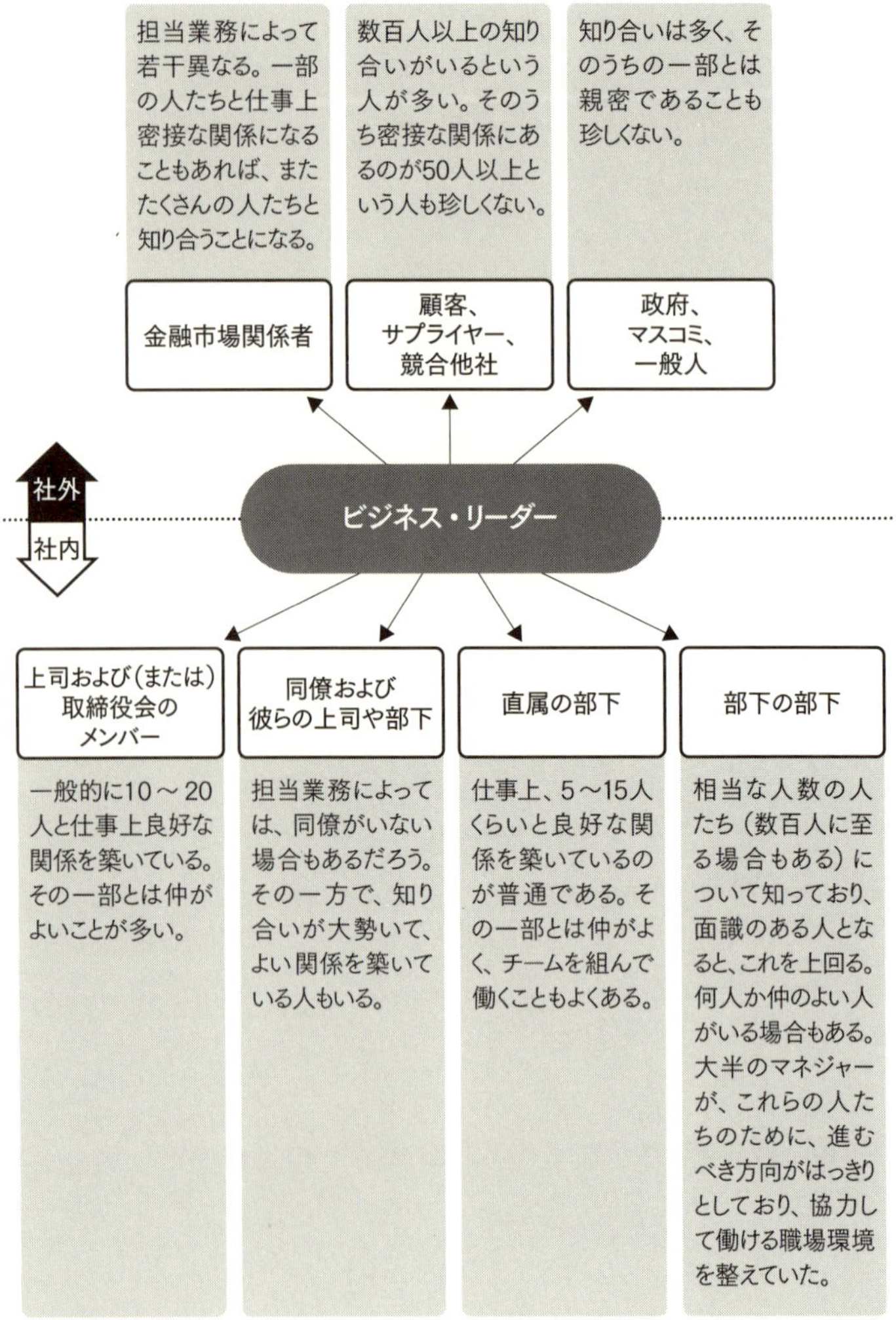
担当業務によって若干異なる。一部の人たちと仕事上密接な関係になることもあれば、またたくさんの人たちと知り合うことになる。
数百人以上の知り合いがいるという人が多い。そのうち密接な関係にあるのが50人以上という人も珍しくない。
知り合いは多く、そのうちの一部とは親密であることも珍しくない。
金融市場関係者
顧客、
サプライヤー、
競合他社
政府、
マスコミ、
一般人
社外
社内
ビジネス・リーダー
上司および(または)
取締役会の
メンバー
同僚および
彼らの上司や部下
直属の部下
部下の部下
一般的に10～20人と仕事上良好な関係を築いている。その一部とは仲がよいことが多い。
担当業務によっては、同僚がいない場合もあるだろう。その一方で、知り合いが大勢いて、よい関係を築いている人もいる。
仕事上、5～15人くらいと良好な関係を築いているのが普通である。その一部とは仲がよく、チームを組んで働くこともよくある。
相当な人数の人たち(数百人に至る場合もある)について知っており、面識のある人となると、これを上回る。何人か仲のよい人がいる場合もある。大半のマネジャーが、これらの人たちのために、進むべき方向がはっきりとしており、協力して働ける職場環境を整えていた。

優秀なビジネス・リーダーは、いまいる人たちとの関係のみならず、異動や採用、解雇を通じて人脈を広げることも多い。同様に、サプライヤーや取引銀行を変更したり、さまざまな人を自分の仲間にするために働きかけたり、時には役員会を再編することもある。

ビジネス・リーダーたちは、その課題を実現し、より素晴らしい成果を出すために協力し合うよう、みんなが自発的かつ一生懸命に働くような環境づくり、とりわけ規範や価値観に力を入れる。同僚や上司、外部関係者との間にも、このような環境をつくろうとすることもあるが、たいていは部下たちのためである。

人脈を活用して課題を成し遂げる

ビジネス・リーダーは、その課題を実現するために、築き上げた人脈全体に再三再四働きかける。私は、彼らがそのために、同僚や社内スタッフ、階層が三ないしは四つ下の部下、二ないしは三つ上の上司、サプライヤーや顧客、時には競合他社に働きかける様子を何度も見てきた。基本的なパターンは、どのビジネス・リーダーでも同じだった。課題のなかで自分が介入しなければうまくいかないと思われる場合、彼らは何らかの行動を起こす。また、複数の目標に向けて、人間関係に波風を立てないように人材や方法を選ぶ。

ビジネス・リーダーたちは、何かを頼んだり、ほのめかしたりして、部下たちを動かすことが多い。それは、互いの関係から、彼ら彼女らが応じてくれるとわかっているからである。案件や人間関係の中身にもよるが、部下たちを言いくるめて課題を推し進めるために、持てる知識や情報を巧みに活用する。また状況によっては、経営資源を交渉材料に取引したり、威嚇や強制に訴えたりもする。

優秀なビジネス・リーダーは、その人脈を利用して働きかけることも多い。時には、人脈のなかのだれかを説得して、自分の知らない人物を動かすこともある。もっと間接的なやり方では、さまざまな人に働きかけて、ほかの人に影響を及ぼすように行動させる。会議などはその常套手段であろう。

ビジネス・リーダーたちは、その影響力をより間接的に行使するために、象徴的なものに例えたりする。たとえば、自分のメッセージを間接的に伝えるために、会議、言葉、組織やその構造に関する話を持ち出す。

優秀なビジネス・リーダーは例外なく、以上のような方法によって事を成し遂げているようである。また、そのなかでも選りすぐりといえる人になると、さらに大勢の人たちを動かして、より多くのことを実現させている。私が「きわめて優秀」と評価したリーダーたちは、何かを頼んだり、励ましたり、おだてたり、ほめたり、報酬を与えたり、命令したり、人心を操ったり、動機づけたりと、フェース・トゥ・フェースの状況で素晴らしいスキルを発揮していた。これらのリーダーたちは、私が「良」としたリーダー以上に、影響力を間接的に行使することに重きを置いているが、それは身につけているテクニックの数とそのレベルの違いによる。

立場が行動を規定する

ビジネス・リーダーたちの日常行動に見られる一二種類の共通パターンのほとんどが、その仕事のやり方そのものを物語っており、そこには、リーダーとしての仕事の性質、他者との関わり方が反映されている（**章末**「調査の概要と結果」を参照）。

だれかと一緒にいることがほとんどなのは（パターン①）、ビジネス・リーダーの仕事の取り組み方やその人脈が果たす主たる役割を考えれば、当然の結果といえるだろう。同じく、その人脈には、ビジネス・リーダーが仕事のうえで依存している人たちすべてが含まれているため、上司や直属の部下以外にも、大勢の人たちと時間を過ごしているのも（パターン②）、何ら不思議ではない。ビジネス・リーダーの仕事には、おのずと短期・中期・長期の職制上の責任が伴うが、これらすべてが課題と関連しているため、日常会話のなかに登場する話題はおのずと多岐にわたる（パターン③）。

④以降のパターンは、どのように課題を決めるか、その方法を反映したものである。

すでに述べたように、課題づくりには、たえず質問することで人脈から情報を引き出すことも含まれている。それゆえ、ビジネス・リーダーたちはよく質問する（パターン④）。必要な情報を手に入れると、さまざまな課題を考え、そのほとんどは明文化されない。このように、課題を決めるプロセスは目に見えないことが多い。すなわち、ビジネス・リーダーの頭のなかで処理されているのである（パターン⑤）。

人脈づくりには、さまざまな対人テクニックが用いられている。ユーモアを交えた仕事以外のおしゃべりは、ストレスの多い状況のなかで人脈を広げ、これを維持していくうえで効果的である。したがって、このような会話が頻繁に繰り返される（パターン⑥）のも驚くことではない。

人脈を維持するには、相手が重要と考える問題――それが会社にとって重要かどうかは関係ない――に対処することが求められる。ビジネス・リーダーが自分にとって重要ではない問題に時間を割く（パターン⑦）のも当然といえる。

ビジネス・リーダーたちは、その影響力を直接的あるいは間接的に行使して、課題に取り組むが、指示や命令はその一手段にすぎない。したがって、このような状況下では、だれかに命令している姿を見かけることは稀であり（パターン⑧）、むしろ人々に影響を及ぼすことに多くの時間を使っている（パターン⑨）。

一見非効率だが実は効率的な行動

その日常から観察できるパターンのなかで最もわかりづらいのは、一日のスケジュールを細かく計画するのではなく、状況に応じて対応していること（パターン⑩）、そして会話は短く、その話題も取りとめのないものが多いこと（パターン⑪）の二点ではないだろうか。

このような行動は、少なくとも表面的には、マネジメントの仕事とは無関係に見える。しかしこれらの二つは、すべてのパターンのなかで最も重要かつ効率的なものかもしれない。

以下で紹介する例は「反応の速い行動」の効果と効率を示すものである。あるビジネス・リーダーは会議に向かう途中、直属の部下ではないスタッフに出くわした。二分間足らずであったが、この機会を利用して、彼は二つ質問し、必要な情報を得た。そしてそのスタッフの最近の働きぶりに感心することで関係を深め、やってほしいと思っていたことを頼み、同意を取りつけた。

課題がいつも頭にあったからこそ、このビジネス・リーダーは、このスタッフと偶然出会った刹那において、重要な質問をし、必要な行動を取ることができた。また、このスタッフが人脈の一人であったおかげで、必要な協力をその場で得られた。

このような遭遇をあらかじめ計画しようとすれば、ミーティング——最低でも一五～三〇分はかかるだろう——を設定し、これに出席しなければならない。しかもこの場合、時間がもっとかかる。また、このスタッフと知り合いでなかった場合、ミーティングが長引いたり、何も得られなかったりするかもしれない。対照的に、課題がいつも頭のなかにあり、また良好な関係があったからこそ、このビジネス・リーダーは、短時間で断片的とはいえ、効率的な会話ができたといえる。

ここで、ある金融機関の部門長ジョン・トンプソンのある日の会話を例に引いて、この点について検証してみたい。なお、この会話に登場するのは、トンプソンの部下であるフィル・ドッジ、ジャド・スミス、ローラ・ターナー、そして同僚のボブ・ローレンスである。

トンプソン　ポッターの調子はどうかね。

ドッジ　変わりないようです。

スミス　シカゴの件、忘れないでくださいね。
ドッジ　ああ、そうだね（メモに書き留める）。
トンプソン　これでよしと。では、来週については大丈夫かね。
ドッジ　万事手配済みです。
トンプソン　わかった。ところで、テッドの調子は。
スミス　順調のようです。火曜日に退院したそうです。フィリスによれば、元気らしいです。
トンプソン　それはよかった。再発しないといいが。
ドッジ　それでは、また午後に（退室する）。
トンプソン　わかった。（スミスに向かって）では、すべて準備完了だね。
スミス　はい（立ち上がって退室しようとする）。
ローレンス　（入り口のドアを開けて顔を出し、トンプソンに話しかける）四月の月次を見たかい。
トンプソン　まだだけど、君は見たのかい。
ローレンス　ああ、五分ほど前にね。ＣＤ（譲渡性預金）の売上げが五パーセントほど低下したことを除けば、おおむね順調だな。
トンプソン　予想以上だな。

スミス　ジョージは、さぞご満悦でしょうね。
トンプソン　（笑いながら）そうだとしても、私の話を聞いたら、どうなることだろうな（ターナーがドアから顔を出して、ビル・ラーソンからの電話を伝える）。
トンプソン　わかった、出るよ。そうそう、ジョージに、後で僕の部屋に来るよう伝えておいてくれないか（皆部屋を出て、トンプソンは受話器を取る）。ビルかい。おはよう。元気かい。そうか、それは本当かい。いやいや心配無用さ。一五〇万ドルを考えている。うん、わかったよ。ああ、先日の夜はサリーも喜んでいたよ。とにかくありがとう。そうだな。じゃあ。
ローレンス　（再び訪れて）ジェラルドの提案について、どう思う。
トンプソン　気に入らないね。社内やハインズに約束していた内容と違っている。
ローレンス　ああ、私も同意見だ。ジェリーはどうするつもりかね。
トンプソン　彼とはまだ話していない。（内線番号を押しながら）いま席にいるかな。

部外者にすれば、このようなやり取りは支離滅裂にしか聞こえないかもしれない。それは、事業や組織について、これらビジネス・リーダーたちと同じ知識が部外者にはないからであり、またトンプソンの課題を知らないからにすぎない。

さらに重要なことは、けっして支離滅裂でないばかりか、実際このような会話は驚くほど効率的である。トンプソンは以上のやり取りを通じて、わずか二分足らずで、以下のすべてをやり遂げてしまったのだから。

●マイク・ポッターが、不良債権について支援の手を差し伸べてくれることになった。この問題がうまく解決できなければ、部門内のある分野の事業を拡大するというトンプソンの計画は大きく後退するであろう。

●この不良債権の件で、彼の上司の一人がシカゴのだれかに電話することがわかった。

●この不良債権のために来週やるべきこと、すなわち二つの社内会議とクライアントとの打ち合わせは、すでに手配済みであった。

●テッド・ジェンキンスの術後の経過は順調であることがわかった。彼はトンプソンの部下の一人で、向こう二年間の部門計画を進めるうえで重要な役割を担っている。

●四月の部門売上げは、ある分野を除いて、予算を達成した。これで、月次売上げに集中し、同分野の売上げの改善に全力を傾けなければならないというプレッシャーから解放された。

●ジョージ・マソリアと四月の業績数字について話し合う会議を設定した。トンプソンは、ＣＤに代わる商品についてあれこれ検討してきた。部門全体にはっぱをかけるには、予算を調整しなければならないと感じている。

●トンプソンは好意から、他部門の同僚であるビル・ラーソンに一部の情報を提供している。ラーソンは以前、トンプソンを助けてくれたことがあり、今後もそのような協力が期待できる立場にある。

●部下の一人であるジェリー・ウィルキンスに電話して、トンプソンの部門にも影響しそうな他部門の提案について、どのように考えているかを把握した。トンプソンは、向こう五年間の部門の売上目標にとって、この提案が足かせになりはしないかと懸念している。

一般的な意味で、このジョン・トンプソンのほか、私の知る優秀なビジネス・リーダーのほとんどが、『エクセレント・カンパニー』の著者トム・ピーターズが述べているように、「分刻みのスケジュールに追われ、課題もバラバラであるにもかかわらず、彼ら彼女らはこれらをちゃんと理解し、うまく利用している」(注2)。

私が「きわめて優秀」と評価したリーダーたちは、とりわけそう見える。彼らは、一定の制約の下、何ができるのかを合理的に判断しながら、周囲で起こった出来事に臨機応変（そして効率的に）対応している。また、その人脈のおかげで、偶然だれかと遭遇しても、簡潔明瞭（そして効率的に）に会話できる。

その日常の行動パターンはおよそマネジメントしているようには見えないが、このように行動することで、ビジネス・リーダーたちは、その課題に基づき、また人脈を生かしながら、厳しい仕事を週六〇時間でこなせるだけの効率性を実現している。

リーダーのために会社は何をすべきか

ここでの教訓は何だろうか。第一に、「素晴らしい実績のあるプロフェッショナル・マネジャーだから」という理由だけで、その事業や社員についてまだよくわかっていない人物をリーダーに起用するのは危険である。だれでもできるような事業でもない限り、新任のビジネス・リーダーが、正しい課題を決めるために、その事業について短期間でもれなく理解することは不可能である。また、関係者は数人しかいないといった状況でもない限り、すぐさま課題に取りかかろうにも、頼りになる人脈がなければ難しい。

この状況から、とりわけさまざまな事業を抱えている大企業の場合、生え抜き社員を育成することが優先課題といえる。多くの企業が、生え抜きをリーダーに育てる重要性を唱えているものの、ヘッド・ハンティング会社が盛況であることを考えると、言うほど生え抜きの育成に熱心ではないか、単にうまくいっていないかのどちらかであると結論せざるをえない。

第二に、大学や企業の管理職研修は、型にはまったやり方、一義的な問題、人間関係がきわめて単純な状況ばかり取り上げていることである。流行の時間管理プログラムなどは、その典型である。一部のプログラムでは、マネジメントという仕事の本質を単純に概念化しているため、部下やトラブルによって日常業務に支障を来たさないよう、注意を促したりする。また、とりとめのないおしゃべりは効率が悪いと説くプログラムも少なくない。しかも、無関係な社員や問題のためにスケジュールを割いたりしないよう、みずからを律することをアドバイスしている。

これと同じく、よくある定量化ツールに重きを置いた研修の場合、このようなツールが優れた業績の要であるという前提に立っている。これらの定量化ツールは、役に立つこともないわけではないが、大して重要ではないことが証明されている。

第三に、新任のビジネス・リーダーには、おそらく一般に考えられている以上に、効果的かつスピーディに業績を改善することが要求される可能性がある。就任した当初は、情報収集や人脈づくり、職制上の基本方針の決定、部門内の支持の獲得などに多くの時間を割かなければならない。しかし最初の三カ月から半年の間には、上司から「ある仕事を片づけてほしい」「長年温めてきたプロジェクトに着手してほしい」と指示されるかもしれない。このせいで、課題づくりや人脈づくりに集中できなくなるため、上司に足を引っ張られる可能性もある。

よい意味で、上司が、新任リーダーが直面しがちな問題に敏感で、そのような場合には支援の手を差し伸べる気があるならば、当初はいちばん頼りになるかもしれない。ただし、そのような新任リーダーが遭遇しそうな問題はたいてい予測可能である。たとえば、メーカーではよくある話だが、ひとつの職能分野でキャリアを積んできた人が、その事業部門の長に就任した場合、課題づくりで苦労することだろう。同じ部門内とはいえ、ほかの職能については、それほど詳しくないからである。

反対に、専門職、スタッフやアシスタントとして、キャリアを歩んできた人が、その後部門長クラスに昇進し、いきなり数百人、数千人の部下を抱えることになった場合、なりたての頃には人脈づくりで苦労することだろう。人脈が乏しい状況でスタートしなければならず、しかも時間をかけて人脈を広げていくことにも慣れていないからである。

最後に、ビジネス・リーダーは、決められた計画立案制度に従って物事を進めていかなければならないが、これが障害になるかもしれない。

ビジネス・リーダーが、理にかなった課題を導き出し、頼りになる人脈を構築することを後押しするものが、よい計画立案制度というものである。そしてこれは、ビジネス・リーダーが戦略的に考えたり、長期的かつ短期的に検討したり、また時間の制約はあるとはいえ、財務、製品や市場、組織に関する問題を考慮することを促すものでなければならない。さらに、計画立案制度には柔軟性が不可欠であり、部下たちがどのような職場を望んでいるかにもよるが、ビジネス・リーダーが目標を達成するうえで、その一助となるべきである。

残念ながら、多くの企業の計画立案プロセスがそうなってはいない。それどころか、厳しいノルマを課し、その結果、ビジネス・リーダーたちは、課題について戦略的あるいは長期的に考えなくなり、また社員たちの間に無用なストレスを生み出し、人脈づくりとその維持を難しくしている。

実際、文書ばかり——しかも多くの場合、大量の文書——要求し、ビジネス・リーダーは本当に重要なことに専念できなくなっている。

調査の概要と結果

私は一九七六年から八一年の間に、九社一五人のビジネス・リーダーたちについて、その仕事の詳細、人物像、経歴、日常生活、そして企業や業界環境の違いによる行動の違いについて徹底的な調査を実施した。

調査対象者は全員、プロフィット・センターの長であり、複数の役割を兼務していた。その勤務地は全米各都市に散らばっており、業界も、銀行、コンサルティング会社、タイヤおよびゴム・メーカー、テレビ局、機械メーカー、新聞社、コピー機メーカー、投資顧問会社、消費財メーカーなど、多岐にわたる。担当部門の売上げは一〇〇万〜一〇億ドルとさまざまだった。平均年齢は四七歳で、全員男性である。また年収は、その大半が八二年当時で二〇万ドルをゆうに超えていた。

データを収集するに当たっては、半年から一年かけて、これらビジネス・リーダーをそれぞれ三回ずつ訪問し、毎回五時間以上のインタビューを行った。これに加えて、彼らの日常業務を一人当たり約三五時間にわたって観察した。さらに、彼らの同僚たちにもインタビューを試みた。そのほか、各ビジネス・リーダーにアンケート調査を依頼したり、事業計画書やスケジュール帳、アニュアル・リポートなどを見せてもらったりした。

私は「ハード指標」と「ソフト指標」を組み合わせて、これらリーダーたちの業績を評価してみた。ハード指標とは、売上高成長率や利益成長率といった定量的な評価基準（絶対値と計画比）である。一方ソフト指標は、上司や部下、同僚など一緒に働いている人たち、また可能であれば、その業界担当の証券アナリストの意見である。

こうして私は、これらビジネス・リーダーの大半に「きわめて優秀」、残りの数人には「優秀」もしくは「良」の評価を下した。

冒頭で紹介したリチャードソンの一日は、これらビジネス・リーダーの典型であり、今回調査したビジネス・リーダーの日常の行動には、次のようなパターンが見られた。

パターン①：一人でいる時間が極端に少ない。平均的なビジネス・リーダーが一人になる時間は、就業時間のわずか二五パーセントである。これらのほとんどは、在宅作業か、移動の飛行機内や通勤に費やしている時間である。だれかと一緒に過ごしている時間が七〇パーセントを割る者はきわめて少なく、なかには九〇パーセントという人もいる。

パターン②：直属の部下や上司以外にも、大勢の人たちと時間を過ごしている。あまり重要とは思えない部外者とも定期的に会っている。

パターン③：議論のテーマはきわめて多岐にわたる。ビジネス・リーダーの話題は、予算や経営計画のプランニング、事業戦略、人事、そのほか経営者ならではの関心事に留まらない。彼らは、ビジネスとは無関係な話題について何でも話し合う。

パターン④：たくさん質問する。わずか三〇分の会話で、文字通り何百という質問を浴びせかける人もいる。

パターン⑤：会話の最中に重大な意思決定を下すことはほとんどない。

パターン⑥：冗談を言うことも少なくなく、仕事と無関係な話題も多い。ユーモアは、社内や同業他社に関するものが多い。また仕事以外の話題では、相手の家族や趣味に関するものが多い。

パターン⑦：だれかと話す時、事業や自社にとって比較的重要ではないと思われる話題も多い。ビジネス・リーダーは、自分自身時間の浪費だと考えるような活動にも定期的に関わっている。

パターン⑧：このようにだれかと話す時、ビジネス・リーダーが相手に指示を出すことはほとんどない。

パターン⑨：とはいいながら、ビジネス・リーダーは影響力を行使しようとする。人に何をすべきかを伝えるのではなく、質問したり、頼んだり、おだてたり、説得したり、時には迫ったりする。

パターン⑩：ビジネス・リーダーは、他人のやっていることに首を突っ込む。つまり、リーダーたちのスケジュールはたいてい計画できない。会議に追いまくられている人ですら、結局のところ、正式なスケジュールにはないテーマに多くの時間を費やしている。

パターン⑪：ビジネス・リーダーの時間の大半が、だれかとちょっとした会話を交わすことに費やされている。何か一つの疑問や問題について一〇分以上話し合うことはめったにない。わずか五分程度の会話で、それぞれ無関係な一〇種類のテーマが持ち上がることもけっして珍しくない。

パターン⑫：長時間働く。調査したビジネス・リーダーの平均労働時間は、週六〇時間弱だった。自宅や通勤中、出張中にも仕事をしているが、ほとんど会社で働いている。

【注】

（1）Henry Mintzberg, "The Manager's Job: Folklore and Fact," HBR, July-August 1975.（邦訳「管理者の職務：その伝説と実際との隔たり」『ダイヤモンド・ハーバード・ビジネス』一九八〇年一月号。『DIAMONDハーバード・ビジネス・レビュー』二〇〇三年一月号に「マネジャーの職務：その神話と隔たり」として新訳・改題）を参照。

（2）Thomas J. Peters, "Leadership: Sad Facts and Silver Linings," HBR, November-December 1979.（邦訳「リーダーシップ その困難な役割と一縷の光明」『ダイヤモンド・ハーバード・ビジネス』一九八〇年四月号。『DIAMONDハーバード・ビジネス・レビュー』二〇〇八年一月号に「リーダーの仕事」として新訳・改題）を参照。

第7章

自分のアイデアを支持させる技術

How to Save Good Ideas

How to Save Good Ideas
HBR, October 2010.
初出「自分のアイデアを支持させる技術」
『DIAMONDハーバード・ビジネス・レビュー』2011年2月号

優れたアイデアはなぜ日の目を見ないのか

HBR（以下ゴシック）：有能でやる気にあふれる人たちが考えたアイデアは、なぜその多くが失敗に終わってしまうのでしょう。

コッター（以下略）：我々は、こう教えられてきました。ひとたび名案が浮かんで、「これはいける」と確信したら、しかるべき人たちがわかるように、明快かつ論理的な方法で説明することがまさしく重要であり、それでうまくいくと――。

しかし現実には、説明する相手は生身の人間であり、不安を抱いていたり、意見が違っていたり、あるいは意見を交わすことでグループ内での自分の立場に影響が出るかもしれないとひるんだりします。しかも新しいアイデアには、まず疑ってかかるものです。

このような感情を表す方法には、普通に確認できるものでも、複数――二つ三つということはないですが、一〇〇はありません――あり、その影響は基本的に批判となって表れます。これは、新著の土台になった研究のなかで、ブリティッシュコロンビア大学教授のローン・A・

ホワイトヘッドと私が発見したことです。

素晴らしいアイデアで、頭のなかにある論理がいかに明快でも、これらの批判が手ごわいと、プロジェクト全体の方向性が変わり、そのアイデアは必要な支援を得られず、ついには潰される——。よくあることです。

それはゆゆしき問題です。組織内で生まれた新しいアイデアにとって現実の脅威となるのでしょうか。

そうです。この問題は、大規模な変革に留まらず、また経営陣に限った話でもありません。そこで私は、これに関する調査を着手し、三、四件の調査プロジェクトに数年間取り組んだところ、どのように大規模な組織改革が進んでいくのかについて共通パターンが明らかになりました。

その一つが、みんなのコミュニケーションを活発化したり、あなたのビジョン、戦略や計画、より小さなものでは、あなたのアイデアを支援してもらったりするために、周囲を説得する必要があることです。言うまでもないことですが、これは大問題であり、我々が苦手とするものです。

さらに調査したところ、素晴らしいアイデアを実現するために人々を巻き込むことは、そもそも人間の問題、すなわち「ライフ・スキル」（日常のさまざまな問題に効果的・建設的に対処する能力）であることが明らかになりました。

このスキルは、五〇歳のビジネス・リーダーにとっても、またニューヨーク大学に通う一九歳になる私の娘がグループ研究でソリューションを提案する場合にも役に立ちます。新しいアイデアへの攻撃にうまく対処することは、分野や年齢を問わず、人間にまつわる問題です。大変興味深いです。

どうして我々は、優れたアイデアを推し進めるのが苦手なのでしょう。

初期段階、すなわち新しいアイデアや戦略を見出すことが、あらゆるシステムの中心であり、我々の関心はもれなくここに向いているからです。

私がこの問題に初めて直面したのは、かれこれ何十年も前のことです。当時の共同研究者であるブルース・ヘンダーソンが、ボストンコンサルティンググループ（ＢＣＧ）を立ち上げた頃でした。

ブルースは頭が切れ、またおもしろい男で、ある時、教授としてはまだ比較的若い私に電話をかけてきました。何度か昼食をともにし、そのなかで彼は「私とBCGは、戦略形成について深い造詣があり、この点には十分満足しているが、その導入となるとそうではない」と話していました。

BCGは、クライアントに素晴らしいリポートを提出しますが、数年後、提案したアイデアが採用されていなかった、もしくは実行に移されていなかったことを知るのです。彼は頭がいいですから、このことが人間的な力学と関係していることを悟り、行動科学を専門にしている私に連絡してきたわけです。

ヘンダーソンは先の疑問を呈した先駆けの一人であり、この疑問はいまなお大きな課題であり続けています。なぜでしょうか。アイデアは、データを収集・分析し、何らかの論理的な手法によってまとめ上げることで、生み出すことができます。一方、必要なサポートを得ることはまったく別の話なのです。

五、六人の小さな案件であれ、数百あるいは数千という社員を擁する企業における重大な決断であれ、人間性や集団力学《グループ・ダイナミックス》といった曖昧な世界から逃れられません。

ですが、ビジネス・スクールのカリキュラム、たとえば、問題を解決するためにアイデアを生み出すまでの時間数と、そのアイデアを検討し、議論し、みんなの理解を得、支持を取りつけ、推し進め、成功させるための方法を考える時間数を比較してみてください。ほとんどのM

BAプログラムでは、おそらく八対二の割合ではないかと思います。

反対者や批判者を巻き込むテクニック

新著『ハーバード流　企画実現力』(注1)では、共著者のローン・ホワイトヘッド教授と一緒に、アイデアへの批評を得るために「ライオンたちを招き入れる」という、直感的には受け入れがたいアプローチを提案されていますね。挑戦的であり、危険なやり方にも思えますが、なぜそうすべきなのですか（図表7－1「批判にはこう対処する」を参照）。

私が観察したところ、だれよりも効率的に支持を取りつけた人たちの一部は、生来の本能に従った、すなわち理由は何であれ、新しいアイデアを気に入りそうになく、目の上のタンコブになりそうな人々を無視するという、ずる賢い戦略を実践してはいなかったのです。

これらの人たちは、真逆のやり方で成功を収めていました。そう、反対を唱える人たちをなおざりにするどころか、実は抱き込んでいたのです。私は、このようなやり方がどうしてうまくいくのだろうと不思議に思いました。

ジョージ、ここは冷静になりましょう。ちなみに、スターリンは2000万から4000万人もの人々を殺したのですから、適切な例えとは思えません。我々が強引なのは、ごもっともです。ですが、それもこの計画を信じているからです。車掌に例えるのがよいかもしれません。だれもが正しいホームを目指して、さまざまに走っています。ですから、彼は拡声器を手に、いつもより大きな声を出さなければならない——。それだけです。ほかにご質問やご不明な点はありますか。

どんなアイデアも、だれかに使われなければ始まりません。このことは道理でしょう。そのだれかになろうじゃありませんか。

うちには、イノベーションを生み出したり、最先端を走ったりする力などないとおっしゃっているのですか。これまで私たちは、「いまは着手すべきではない」などと、おとなしく他社の後についていったことなどなかったはずです。

ご指摘、ごもっともです。24ものプロジェクトをうまく回すなんて、だれにもできません。本件ほど価値がないプロジェクトは間引く必要があります。すぐさま見直すべきです。みんながやる気になった時こそ、新規事業に着手する絶好のタイミングです。このプロジェクトも、いまがチャンスです。

図表7-1▶批判にはこう対処する

1 「これはダメっぽい、まるで――のようだ」

批判者は、あなたのアイデアをとんでもないものに例え、だれも支持しないようにする。そこで、より現実的な比較対象を示し、冷静に対応すべきである。

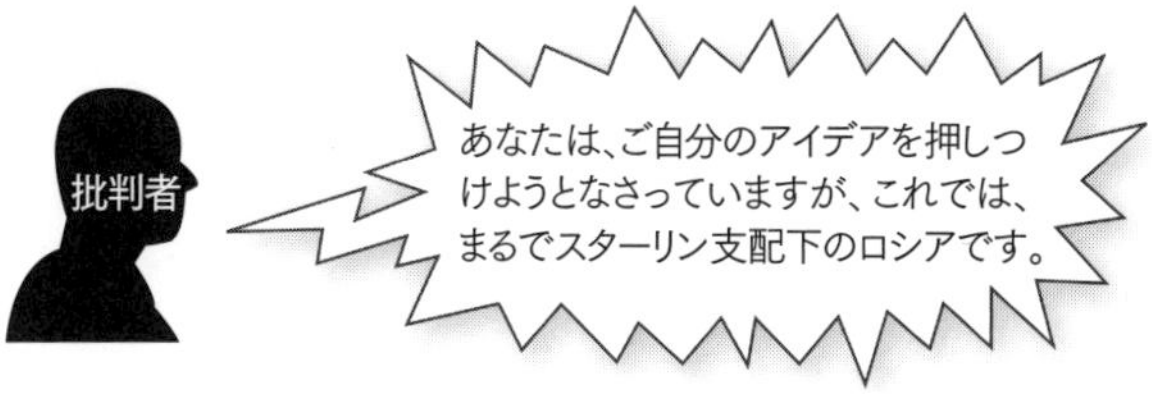
批判者
あなたは、ご自分のアイデアを押しつけようとなさっていますが、これでは、まるでスターリン支配下のロシアです。

2 「だれもこんなことはしない」

批判者は、あなたの「斬新な」アイデアがすでにライバルによって検討され、却下されたものではないかとほのめかす。そこで、千載一遇のチャンスはめったにめぐってこないとはいえ、間違いなくあることを指摘して反論する。

このアイデアがうまくいくと、どうしてわかるんですか。もうだれかが採用しているんじゃないですか。世界は広いんですよ。
批判者
ご提案が本当に素晴らしいものなら、すでに他社がやっているのを見ているでしょう。そうでないのはなぜですか。

3 「機が熟していない」

批判者は、あなたのアイデアが優れていることは認めているが、ほかのプロジェクトが完了あるいは始まるまで、もしくは状況が変わるまで待つべきであると主張している。この場合は、一刻も早く計画を実行すべき理由を説明するとよいだろう。

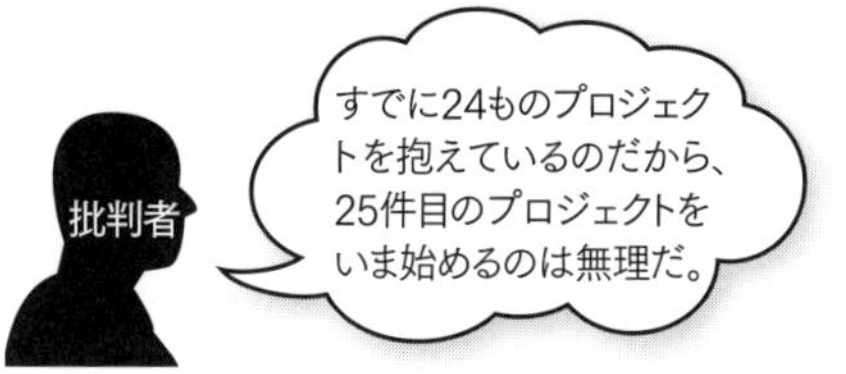
批判者
すでに24ものプロジェクトを抱えているのだから、25件目のプロジェクトをいま始めるのは無理だ。

もう一つ注目した一大テーマは、人々の関心にまつわる問題です。情報はますます氾濫していいます。そこで問われるのが、優れた問題解決策を理解し受け入れてもらうために、いかに人々の関心を引くかです。

ライオンたちを招き入れることで、人々の関心を引くような、いさかい、軋轢、ドラマがおのずと生まれてきます。これらが、ちょっとした起爆剤になるわけです。ただし、みんなの注目を集めた後、何をしなければならないのかがわかっていなければ、当然うまくいきません。

批判された場合、どうするのですか。

繰り返しになりますが、基本的なパターンは、実にシンプルとはいえ、直感に反するものです。我々は、「データや理屈でみんなを説き伏せ、攻撃してくる奴は、脅威にならないよう、ＩＱの力で打ち負かせ」と教えられてきました。しかし実際には、有能といわれる人たちは、弾丸のように言葉を浴びせかけたりはしません。相手に敬意を払い、しかも単純明快で常識的に対応します。たいていの人にとって、偏っていると思う相手に敬意を払うのは簡単なことではありません。

あなたにうらみを抱いているような相手の場合、どうしますか。相手の本音は問題になりますか。

いいえ、問題になりません。実際、それを知ることは不可能です。あなたが最近昇進したこと、あるいは自分のアイデアのほうが優れているにもかかわらず、あなたのほうが注目を浴びていることをうらやんでいるのかもしれません。また、無邪気な懐疑論者で、アイデアを評価する一策としてあなたを批判し、ちゃんとした下調べがなされているのかを確認しているのかもしれません。それとも、会議で目立ちたいだけなのかもしれません。

重要なのは、人間の動機は多種多様であり、なかには意地悪したりしない人もいるということです。ですから、裏を読んだりしなくてよいのです。無意味ですから。

つまり、敵を引き入れ、あえて批判させ、反撃はしないというのですね。

その通りです。敬意の対極は反撃です。反撃に出たあなたを見て、周囲は、たとえ相手の攻撃が不当なものでも、そちらに同情してしまうかもしれません。

母親が言うように、「悪事に悪事で返しても、善事にはならない」のです。もっと高い次元に向かうのです。そして、優れた指導者《ステーツマン》という印象を与えるのです。有利な立場に回れば、人々はあなたのアイデアに共感し、あなたの話に耳を傾け、感情面でも、離れていくどころか、近づいてくるでしょう。

批判にはこう対処する

あなたとローン・ホワイトヘッド教授は、アイデアを潰そうとする人が使う四つの方法、すなわち「脅し」「引き延ばし」「攪乱」「あざけり」について説明しています。そして、彼ら彼女らがよく使う二四種類の疑問・議論・意見を紹介し、それぞれに対する反論を紹介されています（図表7-2「アイデア潰し」を参照）。これらは覚えておいたほうがよいですか。

その必要はありません。この本を執筆するうえで我々がやったことの一つが、外に出て、さまざまなミーティング、プロジェクトの現場、日常業務のなかで、これらの手法を試すというものです。

ローンは、この実地検証のほとんどすべてをやってくれました。まったく素晴らしい共同研

図表7-2▶「アイデア潰し」の質問

リーダーのアイデアを退ける戦略、すなわち「脅し」「引き延ばし」「攪乱」「あざけり」の4つが、腹立たしいほどはびこっている。これらの攻撃では、通常、以下のよくある24種類の疑問、議論、意見が使われる。そのいずれもが、単独であろうと組み合わせた場合であろうと、名案をこっみじんにできる。

1 ▶ 当社はずっと成功してきた。なぜ改革するのか。

2 ▶ 金(または提案では触れられていない課題)こそ現実の問題である。

3 ▶ 問題を誇張している。

4 ▶ 経営危機に向かっているというのか。

5 ▶ 本当の意図は何なのか。

6 ▶ これはどうなのか。あれはどうなのか。そしてこれは、またあれは――。

7 ▶ 君の提案は、やりすぎである／生煮えである。

8 ▶ 君はジレンマを抱えている。

9 ▶ 私にはとんでもないことに聞こえる。

10 ▶ 当社の価値観をないがしろにしている。

11 ▶ あまりに単純化しすぎていて、うまくいかない。

12 ▶ だれもこうしたりしない。

13 ▶ あれもこれもというわけにはいかない。

14 ▶ なるほど、これについてはどうなのか(「これ」とは、提案者はまったく知らず、攻撃する人がその瞬間まで隠していた懸念事項)。

15 ▶ 社員たちは、不安を募らせている。

16 ▶ 前にもやったが、うまくいかなかった。

17 ▶ 難しすぎて、よくわからない。

18 ▶ 悪くないアイデアだが、時期が悪い。

19 ▶ これをやるのは大変だ。

20 ▶ うちではうまくいかないだろう。別の会社である。

21 ▶ そのせいで、業績は悪化する。

22 ▶ これをする余裕はない。

23 ▶ 社員たちを説得するのは無理だろう。

24 ▶ 単純に、これをやる態勢がない。

究者です。彼は、物理学者ですが、ブリティッシュコロンビア大学の運営を手伝い、また起業家としても成功を収めています。このプロジェクトが始まったのも、彼との出会いがあったからこそです。

我々は、攻撃のパターンを観察し、リストアップし、抜き出したり追加したりしました。最終的には二四になりました。多少議論すべき点が残ったとはいえ、我々が検討した結果、これらがいちばん妥当なところではないでしょうか。我々も、これら二四種類について覚えようとしました。ですが、挫折し、実際、覚えたところで意味がないとわかりました。むしろ、成功の決め手は、適切かつシンプルで、常識的な下準備だったのです。

たとえば何でしょう。

そうですね、場当たりの対応はいけません。ところが、優秀な人ほどそうします。彼ら彼女らはこう言います。「おっしゃることはよくわかりました。これは素晴らしいアイデアです。ですから、好きにやらせてください」。これは御法度です。

内容によっては、数分程度の準備で事足りるかもしれません。二四の攻撃リストに目を通し、自問してみてください。「この場合、彼らはどの戦法で来るだろうか」「総じてどう対応し、状況に応じてどう微調整するのか」

一方、一か八かの賭けの場合、想定される攻撃とその対応について、支持者と数時間のブレーンストーミングをしてみるとよいでしょう。かけた時間以上の価値が得られます。

攻撃に対処するに当たり、そのほかにも、多くの人が使える経験則はありますか。

全部で五つあります。

「トラブル・メーカーを排除するな。招き入れ、敬意を持って接する」

「データや情報で相手をやっつけようとして、とうとうと反論を述べてはならない。単純明快に説明する」

「どんなに相手に食ってかかりたくとも、私情を挟んではいけない」

「グループ全体に目を配りなさい。また、そうなりやすいが、批判してくる相手にこだわってはいけない」

そして最後に、下準備に関するルールで「場当たりは避ける」です。

偉大なリーダーたちは物語を語る

『ハーバード流　企画実現力』も、また二〇〇九年に上梓された『企業変革の核心』(注2)も薄い本ですね。また二〇〇八年の『カモメになったペンギン』(注3)では、架空のストーリーのなかにさまざまなアイデアを紹介していますが、これには何か長期的な戦略があるのですか。

つまり、私は学んだことを実践しようとしているのです。まだ書籍化してはいませんが、二〇世紀の偉大なリーダーたちを研究するというプロジェクトがあります。これらのリーダーに共通する特徴の一つが、単純明快なコミュニケーションという才能で、感心させられます。といっても、やさしく噛み砕くというのではなく、みんなに問題を理解させる一番の方法を見つけるのです。

偉大なリーダーたちの研究では、彼ら彼女らが物語を頻繁に語ることがわかりました。それは、三〇分もかかるものではなく、グループ内で起こったことや歴史上の出来事に関するちょっとしたものです。

また、ありとあらゆるものを物語で語ります。一九ポイントのフォントを使った〈パワーポイント〉のスライドを九三枚も用意するといったものではありません。そんなことをすれば、みんなは落書きを始めたり、〈ブラックベリー〉をチェックしたり、休憩室に逃げ込んだりするでしょう。

そこで、いかに人々を参加させるのかという問題が関係してきます。これらの物語は、蘊蓄やデータではありません。感情レベルで相手の心を動かすものです。私は現在、感情の重要性を痛感しています。

長きにわたり、リーダーシップや変革について研究、執筆、講演などをされてきましたが、飽きることはありませんか。

いえまったく。技術やグローバリゼーションの進展とともに世界が変貌するなか、これらのアイデアの重要性はますます高まっています。

このテーマにはさまざまな側面があり、深く掘り下げようとすれば、九〇歳近くまでかかることでしょう。ですが、正しく理解されれば、企業、地域社会、個人の生活に本当の変化がもたらされます。だからこそ、私はいつも進歩し、ワクワクさせられます。

【注】

（1）
John P. Kotter and Lorne A. Whitehead, *Buy-In: Saving Your Good Idea from Getting Shot Down*, Harvard Business Press, 2010.（邦訳『ハーバード流　企画実現力』講談社、二〇一一年）を参照。

（2）
John P. Kotter, *A Sense of Urgency*, Harvard Business Press, 2008.（邦訳『企業変革の核心』日経ＢＰ社、二〇〇九年）を参照。

（3）
John P. Kotter and Holger Rathgeber, *Our Iceberg Is Melting: Changing and Succeeding Under Any Conditions*, St. Martin's Press, 2006.（邦訳『カモメになったペンギン』ダイヤモンド社、二〇〇七年）を参照。

第8章

【特別インタビュー】迷走するアメリカ企業内大学

Good-Bye, Corporate University

初出「マネジャー研修とリーダー教育は異なる」
『DIAMONDハーバード・ビジネス・レビュー』2002年12月号

リーダーシップ論のグールーの嘆き

二〇〇一年『ビジネスウィーク』誌が五〇四社のアメリカ企業に「リーダーシップ論のグルー」について調査したところ、ジョン・P・コッターがその第一位に輝いた。彼は、一九七二年からハーバード・ビジネス・スクール（HBS）で教鞭を取り、八〇年三三歳というハーバード大学では最も若い年齢で正教授に就任し、以来アメリカのリーダーシップ研究者としてウォレン・ベニスと並び称される存在となっている。

なお、ベニスは多種多様な組織を取り上げ、そのリーダー個人を観察することでリーダーシップの固有の原則を解き明かそうとしたのに対して、コッターは一つの企業を深く研究し、その組織内の何百何千のリーダーシップ行動を観察する。両者はいわばマクロとミクロの関係にある。

無論、各企業内大学からの講義依頼は後を絶たないが、いまではそのほとんどを断っているという。それは、ほとんどの企業内大学が単なる研修所と化しており、真にリーダーシップを育成する装置ではなくなっているからだという。リーダーシップの質を真に高めるような教育にはなっていないのだ。

彼は、これまでの研究から、数々のリーダーシップ神話を壊してきた。まず、「マネジャーとリーダー（マネジメントとリーダーシップ）は異なる」という主張は有名である。ここから敷衍して、素晴らしいマネジメントが存在してもリーダーシップに欠けていれば、窮屈な官僚主義が発生してしまい、また強力なリーダーシップが発揮されていてもマネジメントが劣悪では、カルト集団になってしまうと述べる。

そのほか、リーダーシップがCEOやシニア・マネジャーといった一握りの人々に求められる時代は終わり、あまねくミドル・マネジャーにも必要とされる能力であることを主張し、上司をマネジメントする能力すら求められると提唱した。さらに、優れたリーダーシップは一人の人間によって発揮されることは稀で、中間層を含めた数百人が集団的に生み出すものであることを発見した。

コッターはリーダーシップを「変革を起こす」ことと考える。しかし、現在の企業内大学の教育はマネジャーを育てるものであり、リーダーを養成するものになっていない。十数年遅れて日本にも企業内大学のムーブメントがいま訪れている。そこでコッターから、企業内大学を真に成功させるカギを学ぶ。

ベスト・プラクティスはGEの企業内大学

DHBR（以下ゴシック）：一九八一年、モトローラが企業内大学を創設して以来――その前にはマクドナルドのハンバーガー大学などがありますが――アメリカの大企業のほとんどが企業内大学を持っています。最近、日本企業でもこの流れが顕著になってきました。

コッター（以下略）：実を言えば、アメリカの企業内大学の多くが正常に機能してはいません。なぜ企業内大学を創設する必要があるのか。その目的は何か。本質的な問題が省略されてしまっているためです。概して、CLO（最高教育研修責任者）や人事や研修部門のマネジャーが「他社がやっているから、うちもやらなければ」という安易な理由から、とにかく「箱」をつくってしまうのです。

あなたがご覧になって、どこの企業内大学が優れていますか。

頭抜けているのは、やはりゼネラル・エレクトリック（GE）です。GEをどの方向へと導きたいのか、ジャック・ウェルチが明確な姿勢を打ち出し、これを伝え、実現させるために企業内大学という装置をつくりました。

ウェルチはこの企業内大学に、経営陣と幹部社員が深くコミュニケーションできる場を求めたのです。経営陣は企業内大学に参加している社員たちに、いまGEはどの方向に向かっているのか、どこに立っているのかを伝える一方、彼らが抱えている懸念や問題に耳を傾けながら、彼らが何を理解していないのか、何が欠けているのかをつかもうとするのです。このようなインタラクションを何度も何度も繰り返すのです。

フォロワーである部下たちを理解しない限り、リーダーとして組織を引っ張っていくことはできません。幾重にも人を介してまた聞きしていては、リーダーシップは機能しません。直接対峙して、肉声を聞かなければわからないのです。

方向性が明らかにされ、かつそれに従った戦略を立案し、各ユニットへブレークダウンさせていく。ライン・マネジャーたちとコミュニケーションを図るのは、これらの方向性や戦略が、はたして正しく理解されているのかどうかを確認することであり、ここに意味があるわけです。その実行に当たって、彼らがどのような問題を抱えているか、またどのような障害が存在しているのか、もしかすると、方向性や戦略そのものが間違っているのではないかといった情報を汲み取るためにも重要なのです。

もし私が経営者ならば、ウェルチと同じように、他のトップ・マネジメントやシニア・マネジャーたちに、自分の直属の部下はもちろん、ライン・マネジャーたちと定期的にコミュニケーションさせるように指示します。これには、方向性や戦略を確認するという目的とは異なる、別の理由があります。彼らが部下や現場の人たちと上手にコミュニケーションできない場合、それは、他人の話を聞くことができない、悩みや心配を引き出せない、ひるがえってモチベーションを高めることができないことなのです。つまり、リーダーとしての資質の有無を見極めるためでもあるのです。

単なる顔見せの場ではないのですね。けっして大げさではなく、真剣勝負の場であると。

ですから、その熱意たるや並々ならぬものがあります。ハーバード大学をはじめ、全米の各大学からスター教授たちを多数招聘していることからもその意気込みのほどがわかろうというものですが、一つおもしろいエピソードをご紹介しましょう。

GEの本社はコネチカット州フェアフィールドにあり、企業内大学はニューヨーク州クロトンビルにありまして、経営陣はヘリコプターを利用して移動していたのですが、あまりに頻繁に往来するので、そのルートにある住民たちが「毎日ヘリコプターの音がうるさくてかなわない」と苦情を訴え、ちょっとした騒動になりました。地域住民の人には迷惑なことでしたが、これほど足しげく訪れているわけです。

ウェルチは一九八〇年のCEO就任以来、社外のみならず社内へのコミュニケーション・ツールとしてアニュアル・リポートを活用していましたが、九九年のそれでは、経営陣から末端社員までが共通の価値観やベクトルに従って行動できる組織を目指すために、「ソーシャル・アーキテクチャー」（企業文化）の重要性に触れています。要するに、自社のコア・バリュー（中核的価値観）の共有が、ビジョンや戦略の実現には欠かせないということですね。

社員一人ひとりの顔と名前が一致するくらいの組織規模であれば、ヒューレット・パッカードのようにMBWA（management by wandering around：歩き回る経営）といったアプローチが可能でしょう。しかし、何万人という社員を抱え、世界規模で事業を展開している企業では——ビジネス・ユニットのレベルならばできるでしょうが——トップ・マネジメントがビジョンや自身の考えを社員たちと共有したいと願うのならば、やはり何らかの「装置」が必要です。そこでウェルチは企業内大学を社員たちとのインタラクションの場と位置づけたわけです。

しかし私は、これとはまったく異なる現実を何度も目の当たりにしてきました。企業内大学は、人事部が企画運営するプログラムの一つでしかなく、トップ・マネジメントたちが考える企業像やビジネスの実態とのリンケージが弱い、いや乖離していると言ったほうが正しいかもしれません。社外のインストラクターを招いて、品質とか、マーケティングとか、財務とかを教えているのですが、実際の仕事への貢献度は小さい。

たとえば、なぜいま品質を再考しなければならないのか、なぜマーケティング・マインドを醸成しなければならないのかといった議論は飛ばされて、品質管理やマーケティングの方法論やケース・スタディといった知識を教え込むわけです。たしかに見知らぬ同僚と出会う、一時「同じ釜の飯を食う」といったプラス面もあるのでしょうが、このような頭の体操ならば、企業内大学という大がかりな投資でなくても十分でしょう。

人事部門だけでなく、トップ・マネジメントたちが企業内大学の目的や意義を理解していないと、GEのような成功は望むべくもありません。そもそもトライする熱意がない場合がほとんどです。結局は人事部門任せにして、後は知らないと。

またトップ・マネジメントにすれば、二〇〇～三〇〇人のマネジャーたちを前に自分の考えていることや願いを披瀝したり、彼らから質疑応答を受けつけたりするのは、やはり面倒でやっかいなことなのですよ。ですからビジネス・スクールとか、他社のトップとかを、自分の代わりに立てさせるわけです。これで効果が上がるはずがありません。

我々のような社外の人間は、しょせんは門外漢なのです。ビジョンを描いたり、戦略を立案したり、人事権を行使したりすることなど、できないのですから。我々のような外圧に頼ることも時には戦術としては必要でしょうが、最終的に社員の意識や行動を変え、導いていくのは、当事者であるトップ・マネジメント自身なのです。私はいまや、企業内大学に赴くことはありません。ただし、トップ・マネジメントが企業内大学の意義と目的を明確に持っており、本気で取り組んでいる場合に限って、お引き受けしています。

マネジメント教育とリーダーシップ教育は別物

ウェルチが品質の重要性を掲げ、シックス・シグマを徹底的に推し進めた時、いまどのようなビジネスモデルを実現させようと考えており、これにおいてなぜ品質という基本要件がKFS（カギとなる成功要因）なのかについて、繰り返し説いたという話が思い出されます。一方日本では、年始の集会や社内報で漠然とした話が伝えられる程度です。なぜ、トップ・マネジメントは人事部門に任せ切りにしたり、本気に欠けていたりするのでしょう。

図表8-1▶リーダーシップとマネジメントの違い

リーダーシップ	マネジメント
●企業が進むべき未来の方向性を定め、ビジョンと戦略を描く。	●計画と予算を立てる。
●その方向性、ビジョンや戦略を社員たちに理解させ、納得させ、実現に向かわせる。	●目標を達成するための手順を組み立て、経営資源を配分する。
●非常に基本的だが、ついつい見過ごされがちな、人間関係上の必要性、価値観、感情などに訴えかけ、モチベーションとエンパワーメントを推し進める。	●組織を編成し、人員を配置する。
●インフォーマルな人間関係に依存する。	●統制を敷き、問題があれば解決する。
●人心を統合する。	●フォーマルな組織な権力や権限に依存する。
●変革を成し遂げる能力を意味する。	●組織をコントロールする。
	●複雑な環境に適応する。

それはリーダーシップとマネジメントが本質的に異なることを理解できていないからです（図表8-1「リーダーシップとマネジメントの違い」を参照）。リーダーシップは人と企業文化に訴えかけることで機能する、柔軟でダイナミックなものです。一方マネジメントは階層とシステムを通じて機能する、論理的でスタティック（静的）なものです。

私はリーダーシップをこのように考えています。ビジョンと戦略を描き、これらを実現させるために人々を結集し、彼ら彼女らをエンパワーメントするなど、さまざまな障害を乗り越えて変革を実現させる原動力であり、トップ・マネジメントのみならず、あらゆる階層のマネジャーに求められる能力であると。リーダーシップは変革を必然的に生むものであり、それが最大の効用なのです。

リーダーシップとマネジメントを同義に考えてしまう人は、変革を組織改編や人事制度の変更、人員整理といった対症療法、あるいはコントロール・アンド・コマンドなどにいきおい向かいがちです。言うまでもなく、これらの手法やアプローチも選択肢としてあるわけですが、リーダーシップを発揮することはこういうことではないと申し上げたいのです。トップダウンで何か実行することのすべてがリーダーシップではないのです。

本来組織とは、メンバーのスキルや能力を育んだり、失敗や成功から学ぶことを奨励したり、お互いに助け合ったりすべきところです。ところが現実は、資質に気づかず埋もれさせてしまったり、ロール・モデル（手本）を示さなかったり、トレーニングの機会が提供されなかったり、ちょっとつまずいた者を戒めたりと、何ともお寒い限りです。やはりリーダーシップの不在を指摘せざるをえません。組織を動かす人には、マネジメント能力だけでなく、リーダーシップも要求されるのです。

困ったことに、多くのトップ・マネジメントが、いわゆるエリート街道を歩んできたわけです。そのキャリアを積んでいく過程で、自社のコア事業――概してそれは変化に乏しく、安定しています――のなかで昇進してきたわけですね。ですから、急激な変化とか、未知の状況とかに遭遇すると、いったいどのように対応すればよいのか、自信を持って解決できないのです。それは仕方がありません。学んだことがないのですから。一方、出世の手練手管には長けています。ですが、このおかげで、新しいビジョンを打ち出すとか、イノベーションを起こすとか、新規事業を立ち上げるとか、顧客のニーズや社会の変化に敏感であるとか、企業変革に必要なセンスが身についていないのです。だから、リーダーシップを効果的に発揮できません。

ＭＢＡプログラムはリーダーを育成しない

マネジャーを教育することとリーダーを育成することは別物であり、おのずとプログラムも異なってくると言い換えられますか。

もちろんです。たいていのＭＢＡプログラムはマネジメントに必要な知識体系を教えることを主眼としていますが、私がＨＢＳで教えた学生の一部には、権力と支配力――唯我独尊的な力――を手に入れられると考えて、経営者という職に魅力を感じている人がいました。しかし私がリーダーシップの授業で、経営者には「依存関係」(dependence)という、ソフトで、情緒的で、双方向な課題も伴うことを話すと、それまでの意気込みが萎えてしまうのです。

私が経営者だったら、ＭＢＡプログラムやエグゼクティブＭＢＡなどに社員を派遣するようなことはしませんね。それでもあえて派遣するならば、まずその社員を自分のところに呼んで、会社のビジョンについて、また現在抱えている問題や将来発生するだろう問題についてじっくり話して聞かせます。じゃあＭＢＡプログラムで、いま話したビジョンをどのように具体化できるのか、問題をいかに解決できるのか、では何を改革しなければならないのかについて、その策を持って帰ってこいと伝えるでしょう。

たいていの人事部門は将来有望らしき社員を選んで、彼らをＭＢＡプログラムに派遣するのでしょうが、繰り返しますけれども、企業が目指すべき方向性と人事部門が思い描く理想の人材像は、往々にしてミスマッチしているのです。人事部門は、価値観や規律を従来の文脈で解釈し、これに則った人材スペックを求めてしまうからです。非連続的な変化が起こっているにもかかわらず、従来の延長線上で考えてしまっているわけです。

では、企業内大学にＭＢＡプログラムを移植しても、それは意味がないということですか。

少なくとも、リーダーを育てるものではないでしょう。もちろん、やるべきではないと、言っているわけではありません。

企業内大学というテーマから若干逸れますが、ビジネス・スクール自体が今後どのような方向に向かっていくのかは大きな課題です。

たとえば、ハーバード・ビジネス・スクールの卒業生たちのほぼ半分以上が、コンサルティング会社や投資銀行に就職しています。一時インターネット関連のベンチャー企業を興すという動きがありましたが、この傾向は依然として変わりません。しかし、GE、ソニー、ABB（アセア・ブラウン・ボヴェリ）、ゼネラルモーターズやハーレーダビッドソンといった、伝統的な大企業には行かないのです。なぜこの二つの業種なのかといえば、ビジネス・スクールで教える分析や計算のツールがすぐに役に立つからなのです。また給料も高額です。はたしてこれがビジネス・スクールの方向性なのでしょうか。

余談ですが、日本経済が抱えているいちばん大きな問題は、やはり起業家が育たないことではないですか。たしかに過去を振り返れば、松下幸之助や盛田昭夫などの優れた起業家を輩出していますが、いまの日本社会は起業することをあまり高く評価していません。

トップ・マネジメントは、起業家精神を持つよう――要するに「崖っぷちに立っている気持ちで事業と格闘しろ」ということなのでしょうが――さかんにメッセージを発してはいますが、

図表**8-2**▶リーダーシップ行動の8ステップ

- STEP 1 危機意識を醸成する
- STEP 2 変革チームを組織する
- STEP 3 ビジョンを具体的に示す
- STEP 4 変革に巻き込むためにコミュニケーションに腐心する
- STEP 5 変革行動への権限を与える
- STEP 6 小さな成功を実現させる
- STEP 7 変革の歩みを減速させない
- STEP 8 変革を促し続ける

John P. Kotter, *The Heart of Change*, Harvard Business School Press, 2002.より。

なかなかスピンアウトしようとまで考える人は出てこないようです。また変革に意欲的な人物は往々にして組織内で潰されてしまうことが多いため、起業家同様、チェンジ・リーダーもなかなか現れてきません。

トップ・マネジメントが腹をくくっていることが前提条件ですが、そのほか最低二つのことが必要です。一つは、プレッシャーです。いままでのやり方が通用しないことを伝えて、ちょっと尻を突いてやるのです。現在のぬくぬくとした環境から厳しい世界にさらしてやるのです。

もう一つは、どのようなリーダーがいま求められているのか、そのロール・モデル（手本）を明らかにすることです。これだけ急速かつグローバルに変化する状況にあって、企業が生き残り、事業を健全に継続させるには、どのようなリーダーシップを発揮すべきなのか、全員に認識させるのです。

最近、『ジョン・コッターの企業変革ノート』(注1)を発表しましたが、ここにチェンジ・リーダーに求められる八つの行動原則についてまとめました（図表８-２「リーダーシップ行動の八ステップ」を参照）。『企業変革力』(注2)の内容が基本になっていますが、言わば私の集大成の著です。

経営者と人事部門のミッシング・リンク

いま日本の企業内大学は、担当の職能、つまり人事部門や研修部門の主導で進められています。先ほどあなたは、アメリカの企業内大学の多くが横並びの産物であり、また、トップ・マネジメントの意向と人事部門の施策はミスマッチであるケースが多いと指摘されていましたが。

はい。やはり縄張り意識というか、縦割りの影響が色濃く出ています。自分たちの流儀や基準に従ってあれこれ努力していますが、つまるところ、気にしているのは競合他社の人事部門の動向であって、トップ・マネジメントの考えや事業環境といった点について注意が払われていません。トップ・マネジメントが本気に欠けることも、この傾向に棹差しているのですが、人事部門の人たちは、マネジメントやリーダーシップの専門家でもなければ、会社の業績や将来についてトップ・マネジメントほどの責任を負っているわけでもありません。いま足りないのはリーダーシップなのです。これはトップ・マネジメントが直接関与すべき経営課題です。

年に一度、人事担当者が一堂に会する定例会議みたいなものをご覧になったことはありますか。そのほか、各社の人事担当者の勉強会とか、そのような協会のコンベンションとかでもかまいません。そこで、ある企業が企業内大学を準備中だとか、インサイダー情報を仕入れてきたりすると、「うちも企業内大学をつくろうじゃないか」という結論になる。本来、ビジョンや戦略を実現させるために、人的資源に関連するサポートを提供するのが人事部門のミッションのはずですが、このレーゾンデートルがどこかに消えてしまっています。

これは人事部門に限ったことではなく、間接部門に共通していることなのですが、自部門の権限や管轄といった些細なことに固執するあまり、全社的な見地で思考したり、行動したりできないのです。会社の成功とまでは言わずとも、現場の小さな成功よりも、自分たちの縄張りを守ることに終始してしまうのです。

本当に優秀な人事部門の場合、トップ・マネジメントの意向を汲み取り、人事部門としてビジョンの実現に貢献するには何をすべきなのか、またそのために人事部門の何が重要であり、逆に何が障害となっているのかを自問自答し、もしそうならばそのような機能は切り捨ててしまうのです。

結局、企業内大学を創設するかどうかなど二の次であって、まず企業が成功するためには何が必要なのかを明らかにすべきなのです。ではその際、どのような人材スペックが必要になるのか。それを開発するうえで企業内大学が有効なのか否か。もし有効であるならば、その目的や使命は何か。これらについて問うべきでしょう。

マネジメントに関する知識を勉強したりするのならば、たくさんの金をかける必要はないでしょう。いま一度言えば、ほとんどの企業において、マネジメントよりもリーダーシップが不足しているのです。ただしジャック・ウェルチのように、トップにリーダーを育成する熱意と真剣さがあるならば、企業内大学は有意義な装置として機能するでしょう。

【注】

(1)
John P. Kotter and Dan S. Cohen, *The Heart of Change: Real-Life Stories of How People Change Their Organizations*, Harvard Business Press, 2002.（邦訳『ジョン・コッターの企業変革ノート』日経BP社、二〇〇三年）を参照。

(2)
John P. Kotter, *Leading Change*, Harvard Business Press, 1996.（邦訳『二一世紀の経営リーダーシップ』日経BP社、一九九七年。二〇〇二年に新装改訳版『企業変革力』に改題）を参照。

［訳者］

黒田由貴子（Yukiko Kuroda）

㈱ピープルフォーカス・コンサルティング　ファウンダー・取締役。
慶應義塾大学経済学部卒業。ハーバード・ビジネス・スクールでMBAを取得。ソニー㈱、米系大手経営コンサルティング会社を経て、1994年に㈱ピープルフォーカス・コンサルティングを創業し、組織開発やリーダーシップ開発に関する企業内研修やコンサルティングを展開。経営層向けにエグゼクティブ・コーチングも数多く手がける。主な著書に『勇気の経営』（日本能率協会マネジメント・センター、1993年）、共著書に『組織開発ハンドブック』（東洋経済新報社、2005年）、『会社を変える会社を変わる』（ファーストプレス、2007年）など多数。
www. http://www. peoplefocus. co. jp/
（序章、第１章、第３章担当）

有賀裕子（Yuko Aruga）

翻訳家。東京大学法学部卒業。ロンドン・ビジネス・スクールでMBA取得。主な訳書に、アルフレッド P. スローン, Jr.『GMとともに』（ダイヤモンド社、2003年）、アルフレッド D. チャンドラー, Jr.『組織は戦略に従う』（ダイヤモンド社、2004年）、W. チャン・キム、レネ・モボルニュ『ブルー・オーシャン戦略』（武田ランダムハウスジャパン、2005年）など多数。
（序章、第１章、第３章担当）

岩崎卓也（Takuya Iwasaki）

『DIAMONDハーバード・ビジネス・レビュー』編集長。
（第２章、第４章、第５章、第６章、第７章、第８章担当）

小暮晶子（Akiko Kogure）

『DIAMONDハーバード・ビジネス・レビュー』編集部。
（第２章、第４章、第５章、第６章、第７章、第８章担当）

［著者］
ジョン P. コッター（John P. Kotter）
ハーバード・ビジネス・スクール松下幸之助記念講座名誉教授。1972年より、ハーバード・ビジネス・スクールで教鞭を執り、81年、当時としては史上最年少の34歳で正教授に就任した。主な著書に *Leading Change*, Harvard Business School Press, 1996.（邦訳『21世紀の経営リーダーシップ』日経BP社、1997年。2002年『企業変革力』に改題）、*Matsushita Leadership: Lessons from the 20th Century's Most Remarkable Entreprener*, Free Press,1997.（邦訳『限りなき魂の成長』飛鳥新社、1998年。2008年『幸之助論』に改題されてダイヤモンド社より復刻）がある。また変革のリーダーシップの実現をサポートするコッター・インターナショナルを興した。

第2版 リーダーシップ論
――人と組織を動かす能力

2012年3月8日　第1刷発行
2016年3月29日　第6刷発行

著　者――ジョン P. コッター
訳　者――DIAMONDハーバード・ビジネス・レビュー編集部、
　　　　　黒田由貴子、有賀裕子
発行所――ダイヤモンド社
　　　　　〒150-8409　東京都渋谷区神宮前6-12-17
　　　　　http://www.diamond.co.jp/
　　　　　電話／03·5778·7228（編集）　03·5778·7240（販売）
装丁――――デザインワークショップ・ジン
翻訳協力――倉田幸信
製作進行――ダイヤモンド・グラフィック社
印刷――――八光印刷（本文）・共栄メディア（カバー）
製本――――ブックアート
編集担当――小暮晶子

ISBN 978-4-478-01339-7